一口气读完大明史

（修订版）

张自成 著

長春出版社
全国百佳图书出版单位

图书在版编目(CIP)数据

一口气读完大明史 / 张自成著. — 修订版. — 长春 : 长春出版社,2023.1

ISBN 978-7-5445-6938-5

Ⅰ. ①一… Ⅱ. ①张… Ⅲ. ①中国历史-明代-通俗读物 Ⅳ. ①K248.09

中国版本图书馆 CIP 数据核字(2022)第 227146 号

一口气读完大明史(修订版)

著　　者　张自成
责任编辑　孙振波
封面设计　楠竹文化

出版发行　长春出版社
总 编 室　0431-88563443
市场营销　0431-88561180
网络营销　0431-88587345
地　　址　吉林省长春市长春大街309号
邮　　编　130041
网　　址　www.cccbs.net

制　　版　佳印图文
印　　刷　吉林省科普印刷有限公司

开　　本　880毫米×1230毫米　1/32
字　　数　134千字
印　　张　6.375
版　　次　2023年1月第1版
印　　次　2023年1月第1次印刷
定　　价　39.80元

前言

元朝末年，农民起义反抗蒙古贵族残酷的统治，朱元璋趁机而起，攻下南京，于1368年称帝，建立了明王朝。1644年，李自成率农民起义军攻入北京，崇祯皇帝在景山自缢，明朝灭亡。明朝共有276年历史，前后有16位皇帝。

14世纪晚期和15世纪初期的近70年，即洪武至宣德时期，是明王朝的大发展时期。在这一时期，明朝政府励精图治，国力稳定，社会经济全面恢复并有所发展，到15世纪初期发展到高峰，出现“仁宣之治”，综合国力在亚洲乃至世界都首屈一指。对外经济文化交流发达，航海家郑和先后七下西洋，历亚非30多个国家和地区。周边和海外60余国和明朝建立了朝贡关系。明朝版图最大时，东起朝鲜，西据吐蕃，南据安南，北至大碛。千里长沙、万里石塘尽入版图，幅员之广，超迈汉唐。

15世纪中晚期的近70年，即正统至弘治年间，是明王朝的守成期。这一时期，由于承平日久，吏治败坏，许多皇帝或昏庸或年幼，大权往往旁落宦官之手，朝政日趋混乱。“弘治中兴”暂时避免了明朝统治的危机。

整个 16 世纪，即正德至万历年间，是明王朝的衰落期。这一时期，明朝政治衰象毕现，皇帝腐化，朋党林立；赋役混乱，财政匮乏；农民起义此起彼伏，边疆、海疆频频告急。虽有张居正改革的短暂中兴，但明王朝的没落已不可避免。

17 世纪上半叶，即天启、崇祯年间，是明王朝的败亡期。这一时期，政治极端混乱，党争激烈，宦官专权。满族贵族南下争雄，西方殖民者侵占台湾，各地农民揭竿而起。明王朝招架无力，节节败退，终于被李自成领导的农民军所推翻。

目　录

堂堂大元，奸佞专权，开河变钞祸根源，惹红巾万千。

官法滥，刑法重，黎民怨。

人吃人，钞买钞，何曾见？

贼做官，官做贼，混愚贤，哀哉可怜！

——〔元〕无名氏《醉太平》

乱世枭雄

“天高皇帝远，民少相公多。一日三遍打，不反待如何？”元至正十一年（1351），由于蒙古贵族长期推行民族高压和苛捐敛财政策，爆发了遍及全国的农民大起义。因为起义军头上都包着一块红头巾，所以被称为“红巾军”。

当时红巾军主要分为南北两支，北方红巾军的领导人为韩山童、刘福通，起兵于今安徽阜阳，主要活动于黄河两岸、江淮之间，在与元军主力部队连年作战中，不断壮大，势力越来越强。至正十五年（1355）春在亳州正式建立了政权——宋，拥立韩山童的儿子韩林儿为“小明王”，改元龙凤，建立了稳固的根据地。南方红巾军的领导人是徐寿辉、彭莹玉，起兵于今蕲春，转战于江汉之间。

至正十七年（1357），刘福通分兵三路，大举北伐。东路由毛贵率领，扫荡了山东、河北等地的元军，直抵枣庄、柳林。次年三月，部将毛贵由于孤军深入，在柳林遭元军伏击，损失惨重，被迫撤回济南。中路由关先生、破头潘等率领，攻绛州，入保定路，折经大同一直趋塞北。至正十八年（1358 年）年底，这支起义军攻占了上都（今内蒙古正蓝旗东闪电河北岸），并转战辽东。西路由李喜喜、白不信、大刀敖等率领，由荆、樊出武关，进攻关中。李喜喜入四川，余部又攻占了甘肃、宁夏等地。与此同时，刘福通攻占汴梁（今开封），并以之为都，红巾军的反元斗争至此达到高潮。红巾军的进攻，遭到元军的疯狂反扑。至正十九年（1359）秋，元军两路围攻汴梁，韩林儿、刘福通坚守百日，因粮食耗尽，被迫突围，退至安丰。汴梁失陷后，红巾军战事急剧逆转。山东毛贵为部下赵均用杀害，队伍分崩离析。中路军和西路军在长期流动作战中力量大损，最后都被元军消灭。至正二十三年（1363）张士诚围攻安丰，城破，刘福通遇难牺牲。

徐寿辉领导的红巾军经过多次血战，许多地区得而复失，彭莹玉也在战斗中牺牲，以后徐寿辉又派部将明玉珍攻取四川。至正二十年（1360），徐寿辉被部将陈友谅所杀，陈友谅自立为帝，号大汉。明玉珍不久也在四川自立，国号大夏。

当刘福通、徐寿辉、彭莹玉等正在和元军主力浴血奋战的时候，明王朝的建立者——朱元璋借机独自成军，逐渐发展壮大。

朱元璋，安徽凤阳人，农民出身，家境贫困。至正四年（1344）春，淮北大旱，他的父母和大哥相继饿死。因孤贫无依，被迫入皇觉寺当了和尚。50天后，由于皇觉寺经济困窘，又不得不离开寺院，四处游方乞讨。随后三年多的时间里，在皖西、豫南四处乞食。他回忆这段生活时说：“突朝烟而急进，暮投古寺以趋跄，仰穷崖崔嵬而倚碧，听猿啼夜月而凄凉。魂悠悠而觅父母无有，志落魄而侠佯。”

至正十二年（1352），皇觉寺被元军烧毁，朱元璋到濠州参加了郭子兴领导的红巾军。由于才略出众，深得郭子兴的器重。至正十四年（1354），朱元璋率徐达、汤和等24人出略定远，沿途收编义军数万。七月攻占滁州。次年正月郭子兴攻下和阳，命朱元璋总领诸军。三月，郭子兴病死。韩林儿、刘福通建号大宋后，派使者招各路义军议事。五月，发布檄文，任命郭子兴长子郭元叙为濠州都元帅，张天祐、朱元璋分任左右副元帅。军中文告统用龙凤年号。至正十五年（1355）五月，朱元璋兼并巢湖红巾军俞通海水师。六月，由牛渚矶强渡长江，一举攻占采石、太平。七月，攻取溧水、溧阳、句容、芜湖等地。至正十六年（1356）二月，朱元璋于采石大败元军水师，打破了元军对长江的封锁。三月，攻破集庆城，元守将福寿战死，水军元帅康茂才投降。攻下集庆后，朱元璋即改集庆为应天府，建立江南行省。大宋政权任命他为江南行省平章，不久升为丞相。此后，朱元璋即以应天为根据地，分兵略镇江、金坛等地，逐渐发展壮大，成为一支强劲的军事力量。

忙着征衣快着鞭，转头月挂柳梢边。

两三点露不为雨，七八个星犹在天。

茅店鸡声人过语，竹篱犬吠客惊眠。

等闲推出扶桑日，社稷山河在眼前。

——〔明〕朱元璋《拂晓行军诗》

逐鹿中原

朱元璋占据应天以后，一方面多方经营，扩充实力，另一方面对外进行不间断的军事征伐。

早在渡江之前，朱元璋就陆续召集了一些儒士冯国用、冯国胜、李善长等为幕僚。攻下太平后，又召用老儒李习为知太平府，陶安参幕府事。攻取集庆的策略就是陶安和冯国用等人建议的。破集庆，又得儒士夏煜、孙炎、杨宪等，均加以录用。元池州学正朱升还向朱元璋提出“高筑墙，广积粮、缓称王”的策略。朱元璋还在应天特设礼贤馆，招纳儒生，给以礼遇。后来，刘基、宋濂、叶琛、章溢都得到朱元璋的特别重用。朱元璋尊礼有影响的名儒，收为己用，从而在他占领的地区内，争得地主、文人的合作，稳定了局势。在农业生产上他设置了营田司，令康茂才为营田使，掌管农田水利，分巡各处。又分派将士屯田，且耕且战，保证军需。朱元璋在其占领区内还设置税课司，又制定盐法、茶法，使盐茶经营有法可循。铸造“大中通宝”钱在区内流通。经数年苦心经营，朱元璋辖区内社会经济得到恢复，为军队作战提供了充足的物质基础。

朱元璋占领集庆（应天府）以后，其北面是韩林儿、刘福通，西面是徐寿辉、陈友谅，东面是张士诚，唯有皖南、浙东一部分地区驻守的元兵势力较弱。面对这种三面均为劲敌，而东南元军相对较弱的局面，朱元璋遂采取了固守东西，出击东南的战略。至正十六年（1356），徐达下镇江，邓愈克广德。至正十七年（1357）朱元璋、徐达、常遇春、胡大海等又分别攻占长兴、常州、宁国、常熟、徽州、池州等地，次年又亲自率兵攻克婺州。至正十九年（1359）朱元璋的浙东驻军又先后占领诸暨、衢州和处州。东南一带孤立无援的元军被次第消灭。

皖南、浙东一定，朱元璋随即与陈友谅展开了长达五年的战争。至正二十年（1360）陈友谅率军攻占太平。不久，陈友谅杀害了徐寿辉，自称皇帝，国号汉，尽有江西、湖广之地，并联络张士诚合攻应天。面对陈友谅咄咄逼人的攻势，朱元璋采取了诱敌深入的策略，集中全力，在应天江东桥大败陈友谅，收复太平，并攻占安庆、信州。至正二十一年（1361），陈友谅再次进攻，结果又遭失败。至正二十三年（1363），朱元璋亲自率兵在鄱阳湖与陈友谅展开决战，激战两个月，陈友谅中箭身亡，全军大败。第二年，其子陈理在武昌向朱元璋投降。至此，朱元璋解除了西面最大的威胁，占据了湖广、江西广大地区。

陈友谅败亡后，朱元璋大势渐成。至正二十四年（1364），朱元璋在应天即吴王位，设置百官，建中书省，立长子朱标为世子，建立了一整套统治机构。

建号吴王以后，朱元璋随即将兵锋转向张士诚。当时，张士诚所占据的地区，南至绍兴，北有通、泰、高邮、淮安、濠、泗，最北远达山东济宁。依据这种态势，朱元璋制定了先取淮东，剪除肘翼，再取浙西的作战方针。至正二十五年（1365）十月，朱元璋发布征讨张士诚的文告，命大将徐达、常遇春等发动进攻，连续夺得通州、泰州、高邮、淮安、濠州。至正二十六年（1366）夏，朱元璋的军队已全部占有江北之地，迫使张士诚退守长江以南。

至正二十六年八月，朱元璋再派徐达、常遇春率20万大军出征，先后攻克了湖州、嘉兴和杭州，歼灭了张士诚大部主力。十二月围困平江（今苏州一带），经过10个月围攻，于至正二十七年（1367）九月攻占苏州，张士诚被俘送应天，自缢死。

朱元璋在攻克平江的前夕，就派出朱亮祖率领军马向方国珍割据的浙东地区进兵。至正二十七年，朱亮祖军进攻台州。驻守台州的方国瑛兵败，逃浮海上。朱元璋又派汤和、吴祯进攻方国珍占据的庆天。方国珍战败，率众乘海船逃跑，但遭朱元璋水师将领廖永忠自海道截击，方国珍计穷势屈，被迫投降。两浙地区遂全为朱元璋所有。

福建八郡之地元末为陈友定所割据。陈友定，福州福清人，曾为明溪驿卒。红巾军起，陈友定跟随元军镇压汀州、延平义民，被任命为清流县尹。至正二十四年（1364），元朝在延平设置分省，陈友定被任命为平章。至正二十六年（1366），扫平福建境内其他武装，八闽之地遂全被陈友定所割据。陈友定部在至正二十五年（1365）曾在处州与朱元璋争战，朱元璋部朱亮祖被击败。至正二十七年（1367）十月，朱元璋消灭张士诚后，即派胡廷瑞为征南将军，何文辉为副将军，出兵福建。十一月，胡廷瑞攻下光泽。十二月，连下邵武、建阳。方国珍投降后，朱元璋派汤和、廖永忠、吴祯等率水师自海道攻取福州，又命李文忠部从浦城攻建宁，三路夹击。陈友定留兵 2 万守福州，自领精兵守延平。汤和军至福州，守将投降。至正二十八年（1368），汤和、廖永忠进攻延平，陈友定城破被俘，押至应天处死。

至正二十七年（1367），朱元璋分兵攻取福建的同时，又派兵北上进攻中原。当时的元朝政权主要靠几支地主武装支持残局，其中扩廓帖木儿守河南，孛罗帖木儿守大同，李思齐、张良弼守关中。面对此种态势，朱元璋没有采取徐达等长驱直入攻取大都的策略，而制定了稳妥进军的战略：“吾欲先取山东，撤其屏蔽，移兵两河，破其藩篱，拔潼关而守之，扼其户槛，天下形势入我掌握，然后进兵。元都势孤援绝，不战自克，鼓行而西，云中、九原、关陇可席卷也。”根据这一布置，朱元璋命徐达为征虏大将军，常遇春为副将军，统率甲士 25 万由淮入河，直取山东。元沂州守将王宣、王信父子降而复叛，被徐达削平。益都、般阳、东平、济南、济宁等地望风而降。至正二十七年（1367）年底，朱元璋军尽有山东全境。

至正二十七年（1367）十二月，在南征北伐两路大军的凯歌声中，中书右丞相李善长率领百官奏请朱元璋建国称帝。次年正月初四日，朱元璋在应天府奉天殿即皇帝位，封妻子马氏为皇后，世子朱标为皇太子。建国号大明，年号洪武。明王朝正式建立。

鸡叫一声撅一撅，鸡叫两声撅两撅。

三声唤出扶桑日，扫退残星与晓月。

——〔明〕朱元璋《金鸡报晓》

一统社稷

明王朝建立后，朱元璋开始谋划统一全国大计。当时明政府面临的形势仍十分严峻，北方尚有大量元朝残余势力，南方则有广东的何真、四川的夏政权和云南的蒙古贵族梁王把匝剌瓦尔密等割据势力。因此，为统一全国，朱元璋派出重兵，北伐南征同时进行。

在北方，北伐军仍按原计划，进取河南。元河南王扩廓帖木儿因遭李思齐所部进攻，自泽州退守晋宁。洪武元年（1368）三月，徐达军抵汴梁，元守将左君弼投降。四月，常遇春攻下洛阳，并乘胜进取潼关，李思齐退守凤翔。朱元璋亲临汴梁，指挥进兵元都。闰七月，徐达连破卫辉、彰德、广平。七月十一日攻克临清后，徐达命诸将“各率马步舟师大会于临清”，而后沿运河长驱直上，破德州、长芦、直沽（天津），进据通州。元顺帝闻讯，大惧，于七月二十八日夜弃大都北走，逃往上都。八月初二日，徐达军攻入大都，元朝灭亡。

徐达攻陷大都后，奉命率师西征秦晋。当时北方仍有元军残余势力。扩廓帖木儿拥兵山西，李思齐、张良弼据守陕西，纳哈出盘踞辽东。九月，徐达、常遇春南下保定、河间、怀孟，进攻山西，扩廓帖木儿大败，远逃甘肃。洪武二年（1369）二月，徐达率军入陕，张良弼逃往庆阳，李思齐弃凤翔，走临洮。明军遂乘胜连下陇州、秦昌、巩昌、兰州、临洮，李思齐降。张良弼逃往宁夏，被扩廓帖木儿部捕杀。之后，北伐军又回师直指上都，元顺帝再向北逃，洪武三年（1370）四月死于应昌（今内蒙古克什克腾旗西达来诺尔湖西侧）。洪武八年（1375）扩廓帖木儿病死。洪武二十年（1387）辽东纳哈出归降。

明军攻占元都后，南方两广地区仍为元朝势力所占有。广州军阀何真，在红巾军初起时，因组织“义兵”镇压起义有功，被元朝擢任为广东道宣慰司都元帅。元至正二十三年（1363）升任广东分省参政，成为割据一方的军阀。攻占福建延平后，朱元璋即令廖永忠和朱亮祖等率水军自海道攻广东。三月，明军于潮州登陆，何真“籍所部郡县户口、甲兵、钱谷”，奉表请降。四月，廖军至东莞受降。广东全境遂为明地。

当时广西地区仍在元行省平章政事也儿吉尼统治之下。朱元璋在平定福建后，即命湖广行省平章政事杨璟、左丞周德兴等率师自湖广进兵广西。洪武元年（1368）正月，杨璟部进抵永州，久围不下，直到四月，始攻克永州，进围靖江。朱亮祖平广东后，也率部入广西，经梧州、郁林到达靖江，与杨璟合兵攻城。经两个月激战，靖江城破，也儿吉尼被俘，南宁、梧州望风而降，广西平定。

四川明玉珍自建立夏国后，以保境安民为宗旨，不过问境外事。元至正二十六年（1366）明玉珍死，子明升即位，年仅 10 岁。夏国官员相互攻讦倾轧，政治混乱不堪。洪武四年（1371）正月，朱元璋以汤和为征西将军，率廖永忠、杨璟等从湖广出发，经瞿塘峡逆长江而上，进攻重庆，傅友德部从秦陇陆路进攻成都。傅友德部进展顺利，四月，连克阶州（今甘肃陇南市武都区）、文州（今甘肃文县）、江油及绵州。六月攻占汉州。汤和部却大费周折，初攻瞿塘失利，被迫在大溪口屯兵三月。之后在朱元璋催逼下，廖永忠选精兵抬舟翻山，再顺流而下，上下夹击，才得以通过瞿塘，攻入夔州。六月二十二日，汤和率部至重庆，明升投降。七月，傅友德破成都，夏丞相戴寿降，四川平定。

四川平定后，朱元璋准备以政治方式解决云南问题，洪武五年（1372）、八年（1375）先后派翰林院待制王祎和湖广行省参政吴云前往云南招降梁王把匝剌瓦尔密，但均遭杀害。不得已，朱元璋遂决心以武力平定。洪武十四年（1381）九月，命傅友德、沐英、蓝玉率 30 万大军兵分两路进攻云南。一路从四川永宁（今四川叙永）趋乌撒（今贵州威宁），一路从湖广、辰州、沅州趋贵州，进攻普定、普安。十二月，傅友德师至曲靖，蓝玉、沐英直扑云南。把匝剌瓦尔密见事已不可为，至晋宁自杀。洪武十五年（1382）闰二月，蓝玉、沐英攻占大理，云南平定。至此朱元璋基本统一了全国。

狡兔死，走狗烹；

飞鸟尽，良弓藏；

敌国破，谋臣亡。

——〔宋〕司马光《资治通鉴·汉纪三》

胡蓝之狱

明朝建立以后，如何巩固政权的问题即摆到了朱元璋的面前。他出身贫寒，对故元地主欺凌小民、武断乡曲有切身体会，因而他反对对农民过重压迫。吏治的好坏，直接关系到政治清明与否和政权的稳定，所以朱元璋也十分重视吏治的整顿，严禁各级官吏玩忽职守，蠹政害民。而明代开国功臣多恃功自傲，专权擅政，僭越礼法，甚至纵容子侄、庄奴杀人夺田，接受投献，影蔽差役，凌暴乡曲。这样就与朱元璋的既定政策产生了一定程度的冲突。洪武年间的四大案，即胡惟庸案、蓝玉案及下节将要述及的郭桓案、空印案都是在这种背景下发生的。

胡惟庸，安徽定远人。朱元璋攻占和州时归附，被授以元帅府奏差，历任宁国知县、吉安通判、湖广佥事。洪武三年（1370）拜中书省参知政事，后很快升任左丞相。朱元璋喜爱胡惟庸的才干，非常宠信他。起初胡惟庸也兢兢业业，处事谨慎，但宠遇日盛，自担任丞相几年后，逐渐开始专权，“生杀黜陟，或不奏径行。内外诸司上封事，必先取阅，害己者，辄匿不以闻。四方躁进之徒及功臣武夫失职者，争走其门，馈遗金帛、名马、玩好，不可胜数”。为巩固自己的权势，胡惟庸还在朝廷内外拉帮结派，结党营私。为联络太师李善长，将自己哥哥的女儿嫁给了李善长的儿子李祐。吉安侯陆仲亨、平凉侯费聚经常干些违法乱纪的事，遭到朱元璋多次责备。二人非常害怕，胡惟庸乘机拉拢他们，“二人素戆勇，见惟庸用事，因与往来，久之益密”。

明初，中书省总掌朝廷政务，丞相统率百官，有权处理一切庶务，只对皇帝负责。在胡惟庸之前，徐达经常统兵在外，李善长小心谨慎，汪广洋遇事唯诺无所作为，相权和皇权的冲突还不明显。胡惟庸在中书省最久，权最重，遇事又多“不奏径行”，已使朱元璋感到大权旁落，且胡氏又大搞宗派活动，结党营私，淮籍功臣宿将大多集中于其门下，相权与皇权的冲突日益加剧。因而洪武十三年（1380）朱元璋遂以“谋不轨”的罪名诛杀左丞相胡惟庸。胡惟庸既死，朱元璋意犹未尽，以“其反状犹未尽露”为借口在朝廷内外大肆进行株连蔓引。凡是心怀怨恨或骄横跋扈的文武官员、豪族地主，均被罗织为胡党，先后收坐重狱。洪武十八年（1385），李存义为人告发为胡党，被流放到崇明。洪武十九年（1386）十月，林贤被逮捕入狱，捅出了所谓胡惟庸私通倭寇一事。洪武二十一年（1388），蓝玉北征蒙古，俘虏了封绩，李善长出于嫉妒，隐匿不报。洪武二十三年（1390）五月，封绩的手下被抓，此事才大白于天下。碰巧李善长的家奴卢仲谦揭发了李善长与胡惟庸往来勾结的情况，而陆仲亨家奴封帖木也揭露了陆仲亨及胡胜宗、费聚、赵雄与胡惟庸共谋不轨的所谓罪状。朱元璋大怒，又开始大规模肃清“逆党”，词所连及、被杀者 3 万余人，并编制《昭示奸党录》布告天下，株连蔓引，持续了数年。

如果说胡惟庸案是朱元璋主要对以李善长、胡惟庸为首的淮人官僚集团进行的政治清洗的话，那么蓝玉案则是朱元璋有计划地对功臣宿将的一次大屠杀。

蓝玉，安徽定远人，开平王常遇春的妻弟。在常遇春帐下领兵，临敌勇敢，所向克捷，由管军镇抚积功至大都督府佥事。从洪武四年至十五年，先后参与了定四川、伐中原、讨西番、征云南等重大战役，战功卓著。洪武二十年（1387），以征虏副将军身份跟随大将军冯胜征辽东纳哈出。后冯胜获罪，大将军印被收回，朱元璋当即委任蓝玉行总兵官事，不久又军中拜其为大将军。洪武二十一年（1388）率师 15 万征蒙古，一直打到捕鱼儿海，北元皇帝脱古思帖木儿率数十骑逃亡，大胜而回，封凉国公。成为常遇春、徐达之后明军的主要将领。

但蓝玉性格暴躁，言行粗俗，桀骜不驯。他豢养了很多庄奴和干儿子，乘势暴横。曾经强占民田，当御史查问时，蓝玉勃然大怒，赶走了御史。其北征蒙古回军时，夜叩喜峰关，守关士兵没有及时开门，蓝玉竟纵兵毁关而入。朱元璋知道后很不高兴。另外，蓝玉在侍宴时语言常傲慢无礼，在军中擅自黜陟将校，进止自专，因而逐渐引起了朱元璋的严重不满。洪武二十六年(1393)，锦衣卫指挥蒋瓛密告蓝玉谋反，朱元璋遂乘机将其逮捕下狱，“磔于市，夷三族”，并亲定《逆臣录》，布告天下。受牵连被杀的列侯、功臣、文武大吏以至偏裨将卒达1.5万人，军中宿将被屠杀殆尽。

胡、蓝二案以外，洪武年间被杀的开国功臣尚有德庆侯廖永忠、永嘉侯朱亮祖父子、临川侯胡美、江夏侯周德兴、定远侯王弼、永平侯谢成、颍国公傅友德、宋国公冯胜等。

一窝二窝三四窝，五窝六窝七八窝，

食尽皇家千钟粟，凤凰何少尔何多。

——〔宋〕王安石《麻雀》

重典驭吏

明太祖朱元璋在开国之初，就十分注意整顿吏治。一方面他要求各级官吏遵纪守法，廉政爱民。比如，他曾告诫天下府州县官："天下初定，百姓财力俱困，如初飞之鸟，不可拔其羽，新植之木，不可摇其根，在安养生息之而已。惟廉者能约己而利人，尔等当深念之。"又尝谕户部："国家赋税已定，撙节用度，自有余饶。使民得尽力农桑，自然家给人足，何事聚敛也。"另一方面他又鉴于元朝纵弛亡国的教训，特用重典驭下。其律令具体规定为：官吏受贿枉法者，赃一贯以下杖刑七十，每五贯加一等，至八十贯绞；监守自盗仓库钱粮等物者，赃一贯以下杖刑八十，至四十贯斩；贪污银子六十两以上者即枭首示众，并剥皮示众。"府、州、县、卫之左特立一庙，以祀土地，为剥皮之场，名曰皮场庙。官府公座旁，各悬一剥皮实草之袋，使之触目惊心。"因而官员稍有触犯，即刀锯随之。洪武十五年（1382）的空印案和十八年（1385）的郭桓案及其所引发的两次大屠杀就是在这种背景下发生的。

明初，每年各布政司、府（州）、县都要派计吏至户部覆算钱谷、军需账目，所调“钱谷之数，府必合省，省必合部，数难悬决，至部乃定”。因为各布政司离京城都很远，为了节省时间，上计吏在赴京时都随身带一些盖有布政司各级官印的空白文书，以便在账目遭部驳需改正时，随时填用。这种做法多年来已成惯例，并且也得到了户部的默认。然而洪武十五年（1382），朱元璋发现这种做法后，极为震怒，认定其中必有奸情，于是下令将各布政司府州县衙门的主印长官全部处死，佐贰官则一律杖一百充军边地。是为空印案。

郭桓为户部侍郎时，洪武十八年（1385），有人告发郭桓和北平二司官吏李彧、赵全德合伙舞弊，贪污税粮。于是朱元璋将六部左右侍郎以下官吏全部处死。追还赃粮 700 万石，“词连直省诸官吏，系死者数万人”。追赃还牵连到全国各地许多地主，“民中人之家大抵皆破”。是为郭桓案。

在元代末年政治混乱、法纪纵弛的背景下，朱元璋以重典驭下和重绳赃吏的做法，扭转了官场的颓废之风，整肃了一代吏治。

金粉东南十五州，万重恩怨属名流。
牢盆狎客操全算，团扇才人踞上游。
避席畏闻文字狱，著书都为稻粱谋。
田横五百人安在，难道归来尽列侯？

——〔清〕龚自珍《咏史》

因文陷狱

朱元璋早在战争时期和政权草创阶段十分注意吸收和重用有名望的文人士大夫。随着明王朝的建立和全国统一大业的完成，如何对待更大范围和更多层次的文人士大夫即被提上了议事日程。朱元璋对此采取了两手政策，一方面对不愿与新王朝合作和对新王朝抱敌对情绪的士大夫进行了坚决的打击。如诗人丁鹤年自以家累世仕元，不忘故国，元顺帝北遁后，常“饮泣赋诗，情词凄恻”。贵溪儒士夏伯启叔侄断指立誓不事新朝。山阴名士杨维桢拒绝明太祖朱元璋的征聘，说自己好比行将就木的老妇，无再嫁之理。其他如张昱征至，以老不仕；陶宗仪被荐不赴，等等。这些不肯俯首称臣的士大夫，有不少人被朱元璋用关、杀、徙等手段加以镇压。

另一方面，对大多数愿与新王朝合作的文人，朱元璋则采取征召、选聘，以及学校科举的途径将他们尽可能纳入明王朝政权系统中来。明代学校分三级：社学、府学和国学。社学指乡村民间办学校，府学指府（州）县官办学校，国学则指中央国子学。洪武十五年（1382），国子学改名国子监，设祭酒、司业、博士、助教、学正等学官。府（州）县学除均有训导外，府学教师有教授，州有学正，县有教谕。学生由地方学校升入国子监，学习优异可以直接到官府任职。官品不定，高者可任布政使，低者任县主簿乃至教谕。国子监生有时还奉命出使，如巡行州郡、稽查百司案牍、督修水利、丈田定税等。

洪武建国初，曾实行过科举，随后停摆达十年之久。洪武十六年（1383），恢复科举。洪武十七年（1384）“命礼部颁行科举成式，凡三年大比，子午卯酉年乡试，辰戌丑未年会试”。参加科举考试者必须是各级学校的生员。府（州）县生员，称秀才，先赴省参加三年一次的乡试，录取者称举人。次年，举人赴京参加会试，合格者再参加皇帝亲自主持的廷试，中选者为进士。进士分一、二、三甲。一甲三人，称为状元、榜眼、探花。科举考试中试者，进士为甲科，举人为乙科。中甲乙科者均可直接被任命为中央和地方官。

朱元璋在设立学校、科举的同时，对学校课程和科举考试内容亦做了明确规定。洪武十五年（1382），命礼部颁学规 12 条，明确规定生员必须“笃志圣贤，潜心古训，以勉其成，违者罪之”。同年，又颁学校禁例十二条，限定生员不能谈论政治。至于学习内容，则一律以宋儒所注四书五经和大明律、大诰为本。关于科举考试，则规定必须以四书五经的文句命题，考生为文必须要以朱熹的注为依据，文章的格式必须用八股体。所谓八股体即每篇文章都必须包括破题、承题、起讲、入手、起股、中股、后股和束股八个部分。因而，明代的学校和科举制度，实际上是一种文化专制制度，把知识分子的思想严格束缚在孔孟之道和程朱理学之中。

朱元璋除了以学校教育、科举取士的方式吸收文人参政，规范、控制其行为和思想外，还以触犯个人的禁忌，严厉打击他认为思想上有问题的文人，因此而造成洪武时期的文字狱。

所谓文字狱，就是从人们所写文章中挑出一些词句，在文字细节上进行挑剔，断章取义，吹毛求疵，编造莫须有的罪名，迫害作者。朱元璋出身寒微，自卑心理重，因而他十分注意自己出身经历的禁忌。他当过和尚，所以不许人们写和说光、亮、僧，甚至与僧谐音的“生”也不许提。他参加过红巾军，所以不许人们说和写“贼”字，与“贼”谐音的“则”也不许提及。

浙江府学教授林元亮，为海门卫作《谢增俸表》，因内中有“作则垂宪”句，被杀。北平府学训导赵伯宁，为都司作《万寿表》，有“垂子孙而作则”句，被杀。福州府学训导林伯璟，为按察使撰《贺冬至表》，因“仪则天下”句，被杀。陈州府学训导周冕，为本州作《万寿贺表》，有“寿域千秋”句，被杀。怀庆府学训导吕睿，为本府作《谢赐马表》，因“遥瞻帝扉”句，被杀。亳州训导林云，为本府作《谢东宫赐宴笺》，亦因“式君父以班爵禄”句，被杀。尉氏县教谕许元，为本府作《万寿贺表》，有“体乾法坤，藻饰太平”句，被杀。德安府训导吴宪，为本府作《贺立太孙表》，有“永绍亿年，天下有道，望拜青门”句，被杀。因为在朱元璋看来，“则”谐音“贼”，“生知”谐音“僧”，“帝扉”谐音“帝非”，“法坤”谐音“发髡”，“有道”谐音“有盗”，“藻饰太平”谐音“早失太平”。

个人禁忌的进一步扩展便为广义的禁忌。洪武三年禁止百姓取名用天、国、召、臣、圣、神、尧、舜、禹、汤、文、武、周、晋、汉等字。洪武二十六年（1393）又明文禁止百姓取名太祖、圣孙、龙孙、黄孙、王孙、太叔、太兄、太弟、太师、太傅、太保、大夫、待诏、博士、太医、太监、大官、郎中字样，并禁止民间久已习惯的称呼，如医生只许称医士、医人、医者，不许称太医、大夫、郎中；梳头人只许称梳篦人或称整容，不许称待诏；官家之火者，只许称阉者，不许称太监。违者都处重刑。朱元璋这种为维护专制皇权而任意罗织罪名的文字狱，不仅使许多文人士大夫无辜遭戮，而且对明代文化思想起了极其恶劣的窒息作用。

莫逐燕，

逐燕日高飞，

高飞上帝畿。

——明初京师歌谣

靖难之役

朱元璋通过一系列的制度变革和无情的大规模屠杀，把军政大权牢牢地掌握在手中的同时，为进一步巩固统治和防范北元势力，他于洪武三年（1370）、十一年（1378）、二十四年（1391）先后三次把自己的二十几个儿子封为亲王，并陆续派置到全国各地。

诸王在自己的封地建立王府，设置官属，地位非常高。朝廷大员、地方官员遇见，均需伏地拜谒，不敢失礼。同时，每个王府都设有护卫亲军，人数少者3000人，多者达万人。尤其是驻守北部边疆的各位王爷，因负有防御蒙古贵族侵扰的任务，地位尤高，辽、宁、燕、谷、代、晋、秦、庆、肃九王，平日训将练兵，战时可以直接指挥驻地部队。燕王朱棣、宁王朱权曾多次受命带兵出塞征战，负责筑城、屯田等事，军中大将均受其节制，除军国大事需上报朝廷外，小事可以自己临机处置。至洪武末年，朱棣握有重兵十万，宁王朱权“带甲八万，革车六千”，蒙古兀良哈三卫骑兵皆归其统辖，势力急剧膨胀。

对分封藩王的弊端，明朝中央政府很早就有人认识到。洪武九年（1376），翰林院训导叶伯巨就以西汉“七国之乱”、西晋“八王之乱”的历史教训提醒朱元璋，要他注意“分封逾制，祸患立生”的危险，建议限制诸王封地界限和王都超标建设，削减其护卫亲兵人数，但遭到朱元璋的压制。洪武二十五年（1392），太子朱标病亡，朱元璋立长孙朱允炆为皇太孙。朱元璋执政严刑峻法，平时大家噤若寒蝉。有时朱允炆奉命裁决军国大事时，常常开明宽容，因而赢得了朝廷上下的爱戴。但唯独他的那些亲王叔叔挟叔父之尊，多不逊服，朱允炆常常为此烦恼。有一次，爷孙俩为此展开了一次对话。朱元璋说：“我将抵御外敌入侵的事托付给了诸王，可保边界无事，交给你一个安全的环境。”朱允炆回答说：“虏不靖，诸王御之；诸王不靖，孰御之？”朱元璋沉默不语，半天才开口说：“你打算怎么办呢？”朱允炆回答说：“以德怀之，以礼制之，不可则削其地，又不可则变置其人，又其甚则举兵伐之。”朱元璋说：“是啊，看来也只好如此了。”表明朱元璋在晚年对诸王势力膨胀形成的尾大不掉之势已经有所察觉。所以，朱元璋临终之际，因担心诸王争权，便在遗诏中禁止诸王至京奔丧：“诸王驻跸国中，不得到京。王国范围内的文武吏士听朝廷节制，惟护卫官军听王。其他命令与此令有不符的，以此令为准。”

洪武三十一年（1398），朱元璋病逝，建文帝朱允炆登基。根据朱元璋的遗诏，禁止诸王奔丧。诸王接到诏书后，都很不高兴，认为是兵部尚书齐泰的馊主意。同年六月，户部侍郎卓敬密奏裁抑宗藩，奏疏递入后，建文帝虽没批复，但消息已泄露出去。燕、周、齐、湘、代、岷等诸王即互相煽动，流言四起。面对这种状况，建文帝遂与翰林院修撰黄子澄和兵部尚书齐泰商议，决定削藩。他们分析了形势，认为燕王朱棣素有准备，握有重兵，势强难图；而周、齐、湘、代、岷诸王在太祖时期即多不法行为，削之有名。因而决定削废周、齐等王，剪除燕王的手足，然后再向燕王开刀。于是，在洪武三十一年（1398）七月至次年六月的不到一年时间里，先后削除了周、湘、齐、代、岷五王的爵位，废为庶人。其中周王迁云南，齐王拘京师，代王幽大同，岷王徙漳州，湘王因害怕全家自焚。在削贬诸王的同时，建文帝也加强了对北平的控制。洪武三十一年十二月，任命工部侍郎张昺为北平布政使，指挥佥事谢贵、张信掌北平都指挥使司，让他们严密监视燕王的行动。建文元年春，又以防边为名，派都督宋忠、徐凯、耿瓛分别率兵屯驻开平、临清、山海关，而调北平原驻防军至彰德（今河南安阳）、顺德（今河北邢台）。同时又命刑部尚书暴昭、户部侍郎夏原吉等 24 人为采访使，分巡天下。

面对建文帝咄咄逼人的攻势，朱棣一方面佯狂称病，以分散朝廷的注意力，另一方面却暗中加紧训练士兵，积极准备举兵。建文元年（1399）七月，朱棣以大病告愈为由，让北平诸官入贺。他在宫中密布刀斧手，在酒席宴上擒斩了张昺、谢贵，并迅速攻占了北平全城。都督宋忠率兵 3 万至居庸关，闻变退怀来，都指挥使马宣逃到蓟州，都指挥俞瑱退走居庸关。随后，朱棣即以诛齐泰、黄子澄，“清君侧”为名誓师，称“靖难军”，去建文年号，仍称洪武三十二年，封官拜将，正式拉开了“靖难之役”的序幕。

朱棣发难后，为避免朝廷军队兵临城下的局面，首先以旋风般的速度，在不到一个月的时间里，先后攻占了居庸关、怀来、密云、蓟州、遵化、永年等州县，迅速扩大了占领区。

七月，建文帝见燕王已举事，乃祭告天地宗庙，以长兴侯耿炳文为征虏大将军率师讨伐。大军号称百万，数道并进。八月，耿炳文率军至真定，与燕兵在滹沱河相遇，经 10 余日激战，大败。九月，建文帝召回耿炳文代之以李景隆。

李景隆至德州收集耿炳文将帅，并征调各路兵号称 50 万人，于九月进驻河间，进攻北平。与此同时，江阴侯吴高等率兵自辽东南下，围攻永平。面对朝廷大军南北两路夹击，朱棣根据李景隆不善用兵而自身又兵力不足的现实。毅然置李景隆军于不顾，自己亲率主力援救永平。江阴侯吴高没料到燕大军突至，匆忙间退向山海关，被燕军击败。朱棣马不停蹄，继续挥师北边，智取宁王朱权，收编了其护卫亲军和兀良哈三卫驻兵，然后迅速率军南下，与坚守京城的守军内外夹击李景隆军，李景隆大败，退保德州。

建文二年（1400）四月，李景隆又集合兵将 60 万北上，与燕王朱棣大战于白沟河（今河北雄县北），再次大败。官军死伤十几万，横尸百余里。朱棣率军乘胜追击，攻占了德州，并进而围攻济南。济南城守军在都指挥盛庸和山东参政铁铉指挥下坚守三个月，朱棣见久攻不下，遂撤兵北还。济南守卫战的胜利使建文帝大为高兴，九月初十提升铁铉为山东布政使，参赞军务，不久又升为兵部尚书。同时封盛庸为历城侯、平燕将军，命令他代替李景隆指挥全军。此后，双方军队又多次交战，互有胜负。

朱棣自建文元年七月发难，至建文三年（1401）底，经两年半作战，虽然大军转战足迹遍及河北、鲁西各地，且历次作战多获胜利。然而所得城池仅永平、保定、北平三府，其他城邑均随得随失。燕军本身也因连续作战，无暇休整，日感困顿。因此朱棣深感朝廷军队众多，作战前途渺茫。在这关键时刻，南京宫中一被黜太监来北京投靠朱棣，密报京城空虚，劝朱棣抓紧时机疾进直取。燕王谋士姚广孝也劝朱棣不要拘泥于攻城略地，而应迅速行动，直取京师。于是朱棣遂改变作战方略，决定直捣南京。

建文三年十二月，朱棣大举出兵南下，千里疾进。次年五月，强渡淮河，击败盛庸守军，连下扬州、高邮、通州（今江苏南通）、泰州等江北重镇，准备强渡长江。五月，建文帝下罪己诏，并以割地分南北朝为条件，派人和燕王议和，但遭拒绝。六月初三，朱棣率军自瓜州（在镇江对岸）渡江，旌旗蔽空，金鼓大震。朝廷江南守军一经冲击即全线崩溃，纷纷投降。六月十三日，南京城破，燕王进城，朝中文武百官大多跪道旁迎降。南京城破之际，宫中燃起大火，建文帝不知所终。十七日，燕王朱棣应群臣之请即皇帝位，以次年为永乐元年，是为成祖。值得一提的是，当建文帝削夺诸王时，在京师流行起了一首歌谣：“莫逐燕，逐燕日高飞，高飞上帝畿。”当时人们不明白这首歌谣是什么意思，现在燕王当了皇帝，才知道那首歌要应验了。

朱棣进京后，立即一面清查宫禁，一面揭榜逮捕“奸臣”。宫中除得罪建文帝者得留外，其余宫女内官多被杀死。名列“奸臣”者，以齐泰、黄子澄、方孝孺等为首 50 余人，均先后被捕杀。抗拒不屈者，除本身惨遭酷刑外，多坐及宗族亲友甚至门人子弟。方孝孺之死，除宗族亲友外兼及门人，被杀者达 878 人。这次大清洗，史称“瓜蔓抄”，牵连蔓延被杀者达数万人之多。

葡萄美酒夜光杯，欲饮琵琶马上催。

醉卧沙场君莫笑，古来征战几人回。

——〔唐〕王翰《凉州词》

南征北讨

明成祖朱棣在镇压政治反对派，稳定了国内局势以后，随即加强了对边疆地区的经营。他一方面派兵南征安南，另一方面自己亲统大军50万讨伐漠北蒙古。同时，还对西北地区、东北地区和青藏地区实施了有效的管理。

安南即古交趾地，秦时为象郡，汉初被南越王赵佗占据。汉武帝时期，在这里设置了交趾、九真、日南三郡，设刺史。唐初，设安南都尉府，安南之名即来源于此。宋、元时期建安南国，但世为藩臣，定期到中央政府朝贡。

明初，安南执政者为陈日煃。洪武时，陈日煃遣使朝贡，被封为安南国王。三传至陈日炜，政权被国相黎氏篡夺。建国号"大虞"，纪元"天圣"，并改名为胡一元。永乐初，安南多次侵犯明云南思明府境，并数次发兵攻打占城。永乐二年（1404），前安南王孙陈天平自老挝来到南京，向成祖诉说陈氏政权被篡夺情状，要求派兵讨伐黎氏父子。永乐三年（1405），明成祖派御史李琦、行人王枢等奉敕前往安南查问黎氏篡夺陈氏之故。安南派使臣随李琦来朝上表谢罪，请陈天平归国。明成祖派行人聂聪送陈天平回国，并命征南副将军黄中、吕毅等率兵5000人护行。永乐四年（1406）三月，黄中等护送陈天平入鸡陵关，快到芹站时遭到安南伏兵袭击，陈天平被杀，黄中等败还。明成祖闻讯大怒，决定出兵讨伐。

七月，明成祖命成国公朱能为大将军，西平侯沐晟、新城侯张辅为左右副将军，督师南征。大军兵分两路，朱能和张辅率两京、荆、湖、闽、浙、广西兵出广西凭祥，沐晟则率巴蜀、建昌、云、贵兵出云南蒙自。十月，朱能病死于龙州，张辅遂代领其军。张辅自凭祥出发，一举攻占了安南鸡陵、隘留二关，然后分道进兵，迅速推进至富良江北嘉林县和北江府新福县。同时，沐晟军自临安府蒙自县经野蒲，斩木通道，攻占了猛烈棚、华关隘，强渡洮江，进抵白鹤。十二月，两军合力攻破安南军事重镇多邦。多邦一破，明军即长驱南下，再无阻碍。

永乐五年（1407）五月抓获黎氏父子，安南尽平。

六月，明成祖将安南大捷诏告天下，改安南为交趾，置交趾布政使司、都指挥使司、按察司，设交州、北江、谅江、三江、建平、新安、建昌、奉化、清化、镇蛮、谅山、新平、演州、义安、顺化15府，分辖36州，181县。又设太原、宣化、嘉兴、归化、广威5州，直隶布政司，分辖29县。其他要害地区，均设置卫所，以加强控制。

安南平定后，明成祖先后派英国公张辅、工部尚书黄福、丰城侯李彬镇守，锐意求治。其间安南地方豪族虽仍不时起兵，但均遭明军镇压。宣宗即位以后，专注内政，宣德二年（1427）十一月撤兵安南。明王朝数十年之功，毁于一旦。

元顺帝的儿子爱猷识理达腊即位，携残部退至塞外和林一带，史称“北元”。此后，由于内部贵族纷争，蒙古分为鞑靼、瓦剌和兀良哈三部。鞑靼部分布于鄂嫩河、克鲁伦河和贝加尔湖以南地区；瓦剌部分布于科布多河、额尔齐斯河流域及其以南的准噶尔盆地；兀良哈部分布于西辽河、老哈河流域，其中以鞑靼部最为强盛。三部之间经常互相仇杀，也不时南下侵扰明帝国的边境，成为明朝北部国防的心腹大患。

为巩固北部边防，朱元璋从洪武三年（1370）至二十九年（1396）曾先后八次北征漠北，并于洪武二十年（1387）迫使辽东纳哈出投降，沉重打击了北元势力。在不断北伐的同时，朱元璋积极规划边防，在东起鸭绿江西至嘉峪关的沿边一线，先后建立了九个边防重镇（即所谓九边），并屯以重兵。它们是辽东镇（今辽宁辽阳）、蓟州镇（今河北迁西西北）、宣府镇（今河北张家口市宣化区）、大同镇（今山西大同）、太原镇（今山西太原）、延绥镇（今陕西绥德）、宁夏镇（今宁夏银川）、固原镇（今宁夏固原）、甘肃镇（今甘肃张掖）等。九边之外，还在长城以北建立大宁、开平（今内蒙古多伦）、东胜三卫，声势相联，互为犄角。

建文四年（1402），鞑靼部首领鬼力赤杀北元皇帝坤帖木儿，称可汗，建号鞑靼，北元灭亡。

明成祖朱棣即位前，曾长期主持明王朝对蒙古各部作战，对蒙古残存军力及其不断南下的危害性有深刻了解。所以，朱棣即位后，他十分重视北部边防，对蒙古各部采取了积极的政治和军事攻势。政治上，利用蒙古各部之间的矛盾，扶弱抑强，使其互相牵制；军事上则配合政治目的，对挑衅者实施各个击破的战略。

永乐四年（1406），鞑靼部阿鲁台袭杀鬼力赤，迎坤帖木儿的弟弟本雅失里为可汗，自任太师。本雅失里当上可汗后，明成祖曾多次致书通好，但均未得到答复。永乐七年（1409）六月，成祖又派给事中郭骥出使鞑靼，郭骥到后，被本雅失里残忍杀害。成祖大怒，决心举兵征讨。七月，命淇国公邱福为征虏大将军，统兵十万进行征讨。邱福轻敌冒进，在克鲁伦河河畔全军覆没。败讯传来，成祖异常震惊，决定亲率大军出征。

永乐八年（1410）二月，明成祖统五十万大军亲征。五月，明军在斡难河大败本雅失里。永乐十年（1412），本雅失里被瓦剌首领马哈木攻杀。次年，阿鲁台向明朝奉表称臣，被封为和宁王。

鞑靼部衰败后，瓦剌部逐渐强盛起来。永乐十一年（1413）七月阿鲁台归附明王朝后，瓦剌部即断绝朝贡，并扣留明廷使者。十二年（1414）二月，马哈木拥兵饮马河，意欲南征。于是，成祖遂于三月再度率兵亲征。经数月长途奔袭，六月七日，明军在忽兰忽失温（今蒙古国首都乌兰巴托）与瓦剌三部（马哈木、太平、把秃孛罗）展开决战，成祖亲率铁骑冲击，瓦剌军溃败，马哈木等逃走。两年后，马哈木病死，瓦剌势力就此衰落，终永乐世，不再为患。

阿鲁台部归附后，经数年生聚经营，势力再次强大起来，对明廷态度也逐渐桀骜不驯，在边界地带，经常袭击商队和无辜平民；而朝廷使者至，他们则肆意侮辱、谩骂，乃至拘留。且时常率兵出没塞下扰掠。所以，明成祖于永乐十九年（1421）、二十一年（1423）、二十二年（1424）接连三次率兵亲征。在第五次北征回师时，朱棣病死于榆木川（今内蒙古多伦西北）。

青海长云暗雪山，孤城遥望玉门关。

黄沙百战穿金甲，不破楼兰终不还。

——〔唐〕王昌龄《从军行》

经略边疆

明代，东北地区居住的主要少数民族有满、蒙古、朝鲜、达斡尔、鄂伦春、赫哲等族，其中人口最多、居住范围最广的是满族。

满族，秦以前名肃慎，汉朝名挹娄，南北朝名勿吉，隋唐时叫靺鞨，从辽、宋到明末，则称为女真。

元末明初，女真族按社会进化程度和活动地区分为三大部：野人女真生活于黑龙江两岸和乌苏里江流域；海西女真居住于开原以东和松花江南岸；建州女真则散居于长白山北部、牡丹江和绥芬河流域。

明政权建立后，其势力很快就进至东北地区。洪武四年（1371）设置辽东卫，七月设定辽都卫指挥使司。洪武八年（1375），明军大败纳哈出于辽南，同年十月便改定辽都卫指挥使司为辽东都指挥使司。辽东都指挥使司下设 25 卫，辖境南起旅顺，北至开原，东临鸭绿江，西至山海关，相当于今辽宁省大部。它“南望青徐，北引松漠，东控海西女真”，地理位置十分重要。

辽东都司建置后，明太祖朱元璋继续派人对东北和北部边疆地区“累加抚谕”。从洪武年间开始，处于原元朝统治下的女真等各部，相继归附。地处黑龙江下游奴儿干地区的元代故臣老撒等也率部到北京进贡归附。

朱棣即位后，鉴于这种形势，于永乐元年（1403）派人招抚奴儿干，次年置奴儿干卫。此后，明政府一方面加强对已设置的奴儿干卫的管理，征纳贡赋；一方面继续在该地区进行招抚，设置卫所。到永乐七年（1409），明朝已先后在鄂嫩河、嫩江、松花江、黑龙江、精奇里江、格林河、亨滚河、乌弟河和乌苏里江流域等广大地区，设置了130多个卫所。为加强对卫所的管理，明政府于永乐七年（1409）在黑龙江出海口附近特林设立奴儿干都指挥使司，管辖西起鄂嫩河，东至库页岛，北抵外兴安岭、南濒日本海的广大地区。都司下属184卫、24所。都司的都指挥使、同知、佥事等官均由明政府从内地派员担任，卫所官吏则多用当地部族酋长。都司驻军，多时3000，少则500，戍期2年。明政府还不时派员巡视，自永乐七年（1409）到宣德七年（1432），太监亦失哈以钦差大臣身份，先后10次巡视奴儿干地区。他还在奴儿干都司治所特林修建永宁寺，前后立了《敕修永宁寺记》碑和《重修永宁寺记》碑。两方石碑（现存俄罗斯伯力博物馆）都记述了设置奴儿干都司的经过和亦失哈等屡次宣谕镇抚其地的情况。为保证辽东和奴儿干都司的联系和交通运输，明政府还在元代所设驿站的基础上，大力扩建或新建驿站，延长或新辟线路。当时从辽东到东北各地有 6 条大道。松花江、黑龙江下游沿岸有 45 个驿站。永乐十八年（1420）又在吉林设造船厂，制造运输船只，从而大大改善了奴儿干地区与内陆的水陆交通。

元朝灭亡后，天山南北畏兀族聚居区，仍由察哈台后裔统治着。他们分裂成许多割据政权，地大者称国，小者只称地面。哈密地处东部战略要地，是明朝通往西域的咽喉要道。洪武二十四年（1391），朱元璋派刘真率军进兵哈密，哈密从此归顺明朝。永乐二年（1404），明成祖封哈密王安克帖木儿为忠顺王。永乐四年（1406）明政府在哈密设卫，派官辅助当地首领执政。哈密卫的设立，恢复了明朝在西域的主权，使明帝国的政令行达天山南北。

西藏在明代称乌斯藏。洪武时期，明政府在西藏设朵甘、乌斯藏两个行都指挥使司和俄力思军民元帅府，管辖今西藏自治区昌都市东部，四川甘孜藏族自治州西北部和青海省的南部地区。永乐时又设奔寨和牛儿宗寨两个行都指挥使司。以后又增设一些宣慰司、招讨司、万户府和千户所，利用这些机构来管理广阔的青藏高原。

从元朝以来，西藏实行政教合一的制度。明因元制，也利用宗教势力作为统治藏族人民的工具。永乐年间，明政府制定了西藏的僧官制度，分为法王、西天佛子、大国师、国师、禅师、都纲、喇嘛等级。各级僧官由朝廷授予不同的品级和职位。法王是最高的僧侣，奉朝廷敕命，行使地方职权。

明政府还根据藏族“嗜乳酪，不得茶，则困以病”的生活需要，与藏族进行茶马互市，在西北的洮州（今甘肃临潭）、秦州（今甘肃天水）、河州（今甘肃临夏），西南的雅州（今四川雅安）、打箭炉（今四川康定）等地，设点交易。藏族用马匹、犀角等，换取内地的茶、盐、布、丝等日用品。永乐时，乌斯藏僧官阐化王、护教王、赞善王奉明政府之命，修通了四川雅州到乌斯藏的驿道，设置了驿站，这样，西藏与内地的交通，除由甘肃经青海入藏外，又增加了一条新通道，从而使西藏与内地之间的往来更加方便。

衔命将辞国，非才忝侍臣。天中恋明主，海外忆慈亲。
伏奏违金阙，骓骖去玉津。蓬莱乡路远，若木故园邻。
西望怀恩日，东归感义辰。平生一宝剑，留赠结交人。

——［日］阿倍仲麻吕《衔命还国作》

对日对朝关系

明初中国与日本的关系应从两个方面来看：一方面，朱元璋在建立明朝后，对周围国家采取睦邻友好政策，派遣使臣出使日本，日本也多次派遣使臣回访朝贡，两国自元朝以来中断了100多年的政府邦交和经贸文化往来得到了恢复。另一方面，元末明初之际，日本正处于南北朝分裂时期，国内政治混乱，经济衰败。于是一些亡命政客、失意浪人、没落武士和走私商人，为掠夺财富，遂向海外冒险，经常在明朝沿海进行武装掠夺和骚扰，史称“倭寇”。而明王朝为了保护本国人民的生命和财产，对此进行了坚决打击。这两方面互相影响，前者占主流，则两国来往密切；后者占主流，则两国关系疏远。

明王朝建立之初，逃亡海上的张士诚、方国珍余部勾结倭寇，频频骚扰沿海地区。洪武二年（1369）三月，朱元璋派行人杨载出使日本，并责问寇掠中国沿海原因，说：“宜朝则来庭，不则修兵自固。倘必为寇盗，即命将徂征耳，王其图之。”但日本国王良怀因心怀疑惧，拒不奉命，继续寇掠山东、福建，劫夺温、台、明州沿海居民。洪武三年（1370），朱元璋又派莱州府同知赵秩出使日本，进一步解释明朝睦邻政策，消除了良怀的疑虑。洪武四年（1371），良怀派和尚祖来到南京，向明政府奉表称臣，贡马及方物，并送还在明、台二郡掠去的人口70余人。太祖嘉之，宴赉其使者。中日两国中断了100多年的政府邦交自此重新建立。

从史书记载看，明朝与日本恢复邦交以后，两国关系，尤其是政府间的往来并不密切，其原因有二：一是倭寇继续侵扰明沿海地区；二是日本国内因发生了持明与良怀争位的斗争，而朱元璋拒不接纳没有国王之命、私自来贡的日本使者。洪武十四年（1381）七月，朱元璋命礼部“移书责其王”，良怀复书颇为不逊。胡惟庸通倭事发后，朱元璋“怒日本特甚，决意绝之，专以防海为务”。洪武十七年（1384）倭寇频扰浙东，朱元璋命信国公汤和巡视海上，筑山东、长江南北海面和浙江东西海上59城，置行都司备倭。洪武二十年（1387）十月，置两浙防倭卫、所。四月，派江夏侯周德兴前往福建福、兴、漳、泉四府巡视要害，筑海上16城，籍民为兵以备倭。同时增置45个巡检司，分隶诸卫。洪武二十五年（1392），置莱州八总寨，宁海卫五总寨，以备倭。至于墩堡烽堠之增设，岁不绝书。朱元璋晚年虽将日本列为不征国，但政府间使臣几乎没有来往。

明成祖即位以后，遣使将登极诏传谕日本。永乐元年（1403）

又派左通政赵居任、行人张洪及和尚道成出使日本。正准备出发，日本使者到宁波。十月到南京，进呈新国王源道义的表册和贡物。不久，成祖遣使回访。此后，双方和好，往来极为密切。永乐二年（1404）日本政府鉴于对马、台岐诸岛倭寇不时劫掠沿海居民，将其全部剿灭，并把抓获的首领 20 人于永乐三年（1405）十一月送交明朝处置。明成祖非常高兴，乃派鸿胪寺少卿潘赐、宦官王进随日本使臣前往日本致谢，“而还其所献之人，令其国自治之”。永乐四年（1406）六月，日本使臣回谢，并于永乐五年、六年多次入贡，“且献所获海寇”。永乐六年（1408）十二月，日本国王源道义去世，明政府派宦官周全前往祭吊，并承认源道义之子源义持继续为日本国王。

两国关系的再度恶化，始于永乐九年（1411）。这年二月，明朝派王进出使日本，进行商贸交易。回国时遭阻，王进偷偷登船逃回。二月倭寇掠辽东，五月扰浙东。明军虽积极剿捕但并未能阻止随后几年倭寇的频频进犯。永乐十七年（1419），倭寇又大举侵扰辽东，明辽东总督刘江在望海埚设伏，将其全部包围，生擒数百，斩首千余，取得空前大捷。倭寇一时为之敛迹。

洪武四年（1371），明朝与日本恢复邦交以后，两国即开始了经贸文化交流，朱元璋为此专设宁波市舶司管理。当时，日本向中国输入的商品主要为铜、硫黄、刀、扇、苏木、剑、漆器等。中国输出的主要是铜钱、书籍、金银、绸缎、布帛、陶瓷等。除商业往来外，日本还派留学生到明朝学习。如洪武二十四年

(1391)，朱元璋就曾特授日本王子、国子监生滕祐寿为观察使。

朝鲜，明初称高丽，国王为王颛。洪武元年（1368），明朝建国后，朱元璋即派使臣持书前往朝鲜谕告。次年又送还朝鲜流落中国之人。王颛见状，遂遣使上表庆贺明朝开国，并请封号。明太祖朱元璋派特使到朝鲜，封王颛为高丽国王，两国正式建立外交关系。洪武三年（1370），明朝政府派使臣往祀朝鲜山川，颁科举诏。王颛上表称谢，并送交元朝政府所授金印。当时明中书省大臣因为朝鲜使臣往来多携物交易，建议征税或禁止，朱元璋没有同意。洪武七年（1374），王颛为权相李仁人杀害，其养子辛禑被拥立。第二年辛禑赴明告哀，朱元璋虽然派使臣前往祭吊，但对其以下犯上的弑君行为大为不满，一直拒不承认辛禑为合法国王，也拒不接受其派遣的使者。直到洪武十八年（1385），朱元璋见辛禑地位日益稳固，才不得不正视既成事实，正式诏封辛禑为高丽国王，承认了其合法性。此后，两国关系又恢复正常。

洪武二十一年（1388），高丽大将李成桂发动兵变，囚禁了国王辛禑。辛禑请求逊位于其子辛昌。洪武二十二年（1389），李成桂废辛昌，拥立王瑶。洪武二十五年（1392），李成桂废王瑶，自立为王。王氏从中国五代起，即当政朝鲜，传国数百年，至此绝。九月，李成桂奏请袭封，朱元璋吸取前次教训，痛快地答应了。同年冬，李成桂更高丽国号为朝鲜。建文初，李成桂因年老体弱，让位于其子李芳远。明成祖即位后，两国友好关系进一步发展。永乐六年（1408），朝鲜王子李禔来南京朝拜，朱棣十分高兴，除赏赐大量金银绸缎外，等李禔回国时，还亲自写诗相赠。永乐十六年（1418）李芳远以王子李禔不肖，改立第三子李祹为王嗣。不久又以年老，逊位于李祹。这时，明王朝已迁都北京，朝鲜与明朝的关系更加密切，他国不敢望也。

由于明朝与朝鲜一直友好相处，因而两国经济文化交流十分频繁。当时，明朝向朝鲜输出的大多为绢、布、药材、硝黄、火药和牛角等。朝鲜向明朝输出的主要为耕牛、马匹、纸张和苎布。为学习明朝先进典章制度和科学技术，朝鲜派出大批留学生到明朝学习。在明朝活字印刷技术的影响下，朝鲜在15世纪首创出铜活字印书，从而大大改善了印刷术和印刷质量。

皇华使者承天敕，宣布纶音往夷域。

鲸舟吼浪泛沧溟，远涉洪涛渺无极。

——〔明〕马欢《纪行诗》

郑和下西洋

明朝人的海洋概念是以婆罗洲为中心，婆罗洲以东称东洋，婆罗洲以西称西洋。“文莱，即婆罗国，东洋尽处，西洋所自起也。”从永乐三年（1405）至宣德八年（1433），明朝政府为肃清海道，追寻建文帝下落和发展与海外各国政治经济往来，曾 7 次派宦官郑和率庞大舰队出使西洋，史称“郑和下西洋”。

郑和（1371? —1435?），本姓马，小字三保，昆阳（今云南昆明市晋宁区）人。回族，其祖、父均曾至伊斯兰教圣地麦加朝圣。洪武初入宫为宦官，侍奉燕王府。靖难之役起，随朱棣征战有功，赐姓郑，擢升内官监太监，时人称“三保太监”。

永乐三年（1405），郑和第一次远航。这年六月，郑和与副使、宦官王景弘率众 27800 余人，分乘数艘海船，自苏州刘家港泛海至福建，然后从福建五虎门港扬帆出航。随行出使人员除水手外，有负责护航的将卒，担任翻译的通事，对外交涉的行人，医疗保健的医官、医士，商贸交易的买办、书算手，文化交流的教谕以及阴阳官、军匠、民匠、伙夫等等。远洋舰队由 62 艘大海船组成。最大的船长 44 丈，宽 18 丈，每船可容千人。船上装备着当时世界上最先进的航海图、罗盘针等设备。船队首抵占城（今越南南部），“以次遍历诸番国，宣天子诏，因给赐其君长，不服则以武慑之”。历时两年三个月，于永乐五年（1407）九月返回南京。

此后，郑和又分别于永乐五年（1407）、永乐七年（1409）、永乐十一年（1413），永乐十五年（1417）、永乐十九年（1421）和宣德六年（1431）6 次率领船队远航，历时 28 年，行踪遍及今东南亚、印度次大陆、中东和非洲东海岸等 30 多个国家和地区，是世界航海史上空前的壮举。

据史书记载，郑和船队 7 次远航所到达过的国家和地区为：占城，真腊（柬埔寨），暹罗（泰国），渤泥（加里曼丹北部），苏禄（菲律宾苏禄群岛），满剌甲（马六甲），彭亨（马来西亚），苏门答腊、旧港、爪哇、阿鲁南巫里（以上属今天的印尼），榜葛剌（孟加拉国），古里、柯枝、琐里、加异勒（以上在今印度半岛），锡兰山（斯里兰卡），溜山（马尔代夫），忽鲁谟斯（波斯湾口），祖法儿（佐法儿），阿丹（今也门亚丁），美洛居（马鲁古群岛），天方（麦加），木骨都束、卜剌哇、竹步（以上属今索马里），麻林（今肯尼亚马林迪）等。这里面的有些国家和地区，明以前的古代中国人闻所未闻，也从来没去过。郑和的远航极大地拓展了明朝人的地理视野，扩大了明王朝的影响。

郑和每次远航都带有大量的瓷器、茶叶、铁器、农具、丝绸、锦绮和金银等各类商品，每到一地，即首先向当地国王或酋长宣读明朝皇帝诏谕，邀请各国派使臣到中国“朝贡”，赏赐锦绮纱罗和金银货币等，并接受当地贡品，然后就用船队所载货物在当地进行互市交易。郑和船队回航时携带的大多是所经各国的土特产品，如各种香料、珍珠宝石、象牙、珍禽异兽、金银器皿、红铜、药品、棉花等，其中以香料数量最大。郑和船队首次下西洋时，即在满剌加建立据点，修选仓库，停泊休整。后来，他也一直以满剌加作为船队休整和贸易的中间站。“中国下西洋舡以此为外府，立摆栅墙垣，设四门更鼓楼。内又立重城，盖造库藏完备。”满剌加也因此成为当时东南亚的国际贸易中心。

郑和多次出使西洋，和亚非地区的许多国家建立起相互联系。几乎所有国家和地区在郑和船队到达后，都先后派遣使节与明朝贸易。在永乐九年（1411）至宣德五年（1430）的十九年中，满剌加的 3 位国王曾先后 5 次访问中国。渤泥、苏禄、古麻剌朗等国的国王也亲到明朝朝贡。永乐二十一年，古里等十六国使臣和商人到南京一次就达 1200 多人。“自是蛮邦绝域，前代所不宾者，亦皆奉表献琛，接踵中国。……泛海通使不绝。”

在与各个国家和地区和平往来的同时，对某些抗命和挑衅行为，郑和也进行了有力打击。郑和第一次出使，路过爪哇时，正逢该国西王与东王混战，东王战败，国被灭。郑和船队途经东王领地时，部卒入市贸易，被西王手下杀死 170 人。郑和举兵欲讨，

“西王惧，遣使谢罪。帝赐敕切责之，命输黄金六万两以赎”。永乐六年（1408）郑和第二次下西洋再至爪哇时，西王献黄金万两谢罪。礼部以黄金数不足，要求将爪哇使者关进监狱。明成祖说：“朕于远人，欲其畏罪而已，宁利其金耶?”免去其不足部分，不再追究。爪哇“自后，比年一贡，或间岁一贡，或一岁数贡”，与明王朝一直友好相处。此外，郑和在第一次出使回程时，擒获占有旧港敢于抗命的华人首领陈祖义，打通了南海进入印度洋的通道。第三次出使时，生擒多次邀劫各国海上来往使臣，强夺明朝船队钱粮宝物的锡兰国王阿烈苦奈儿。郑和此行还诏封了满剌加国王，使满剌加摆脱了暹罗的控制而独立。第四次出使帮助苏门答腊平定内乱。这些对保障东南亚海域的贸易往来起了重要作用，史称“海道由是而清宁，番人赖之以安业”。

郑和下西洋是世界航海史上的空前壮举，他到达非洲东海岸和红海海口的时间，比意大利人哥伦布和葡萄牙人达·伽马发现新航路要早了近500年，是世界航海家中的先导。

垂衣天下治，端拱车书同。

白水巡前迹，丹陵幸旧宫。

列筵欢故老，高宴聚新丰。

驻跸抚田畯，回舆访牧童。

——〔唐〕李世民《重幸武功》

仁宣之治

洪武、永乐时代是明王朝的创业时期。这个时期，大明帝国内政国防逐步发展，至永乐末期而达顶点。洪熙、宣德时期承洪武、永乐之余绪，政局稳定，国力进一步增长，但政策导向已有明显变化。对内，政策上由严苛趋向平缓，政治环境相对宽松；对外则由不间断的军事进攻转为守土保境，国力稍稍舒缓。加上仁宗、宣宗锐意求治，与民休息，因而当时出现了“吏称其职，政得其平，纲纪修明，仓庾充羡，闾阎乐业……蒸然有治平之象”的局面，史称“仁宣之治”。

仁宗名朱高炽，为朱棣长子，性仁柔，好学问，明成祖北征蒙古期间，多次奉命监国，颇知恤民。永乐二十二年（1424）八月即位，洪熙元年（1425）五月去世，在位 10 个月。宣宗名朱瞻基，为仁宗长子，自幼聪慧伶俐，深得朱棣钟爱，常跟随成祖巡幸和从征。洪熙元年（1425）六月即位，宣德十年（1435）春去世，在位十年。

仁宗、宣宗一心想做守成令主，力求政局稳固和社会安定。仁宗即位伊始，就从监狱中放出了永乐时期因建言国事而被囚禁的户部尚书夏原吉、刑部尚书吴中、侍郎杨勉、右春坊大学士黄淮、洗马杨溥等，并恢复了他们的原有官职。后又下令赦免建文诸臣家属，每家除留一名成年男子从军外，其余全部放归为民。他曾与廷臣说："方孝孺辈皆忠臣。"宣德元年，宣宗在赦免练子宁的女儿练琼琼的诏告中也说："练子宁为国良臣，陨身抗节，罪及全家，患连九族。遗女练琼琼，朕今怜尔父忠，尔宗祀绝，赦尔大罪，令尔还乡。"这种为前朝负屈官员洗清冤屈，尤其是给建文诸臣平反昭雪的做法，有效地缓解了洪武、永乐以来严苛恐怖的政治气氛，赢得了人心。

与此同时，仁宗、宣宗又开放言路，鼓励大臣进谏。仁宗即位后，就对廷臣杨士奇、杨荣、金幼孜说："你们三人及蹇义、夏原吉二位尚书，都是先帝的旧臣，我视为得力帮手。尝见前代人主，不愿意听取直言，即使是亲信大臣亦畏威顺旨，缄默讨好。对此，我与你们都应引以为戒。"并且还赐予蹇义、杨士奇等"绳愆纠谬"图书，鼓励他们凡政事有阙失，即用此印密疏以闻。宣宗也很敬重大臣，每次见面，都细细咨询，尽可能地全面听取意见。因此，仁宣时期臣僚上奏，阿谀奉承者少，直言得失者多。

与洪武、永乐时期相较，仁宣时期用刑要慎重得多。洪熙元年（1425）三月，仁宗对刑部、都察院、大理寺等官员说："以前法司无公平宽厚之意，喜欢罗织罪名，稍有片言涉及国事，就认为是诽谤，在朝廷内外形成一股风潮。最近一段时间，我觉得此风又萌。治理国家的急务是求言献策，害怕的是无人敢说话。目前朝廷最重要的就是通下情，你们应该体察我的用心，自今往后凡是以诽谤罪上告的一律不受理。"同月又诏告文武群臣，要求他们不要"专务诛杀"，并规定只对犯谋反大逆等罪者实行连坐法，其他罪犯的惩罚只及本人，禁止法外用刑等。

在用人方面，仁、宣二帝在朝廷重用大臣"三杨"和"蹇夏"，在地方则奖贤举能，惩处贪吏。"三杨"指的是杨士奇、杨荣、杨溥。杨士奇、杨荣、杨溥三人均为建文朝旧臣。明成祖即位，杨士奇、杨荣同时进入内阁，杨溥于宣宗即位后入阁，三人在内阁任职时间分别为42年、38年和21年。三杨历仕四朝，各有突出的优长。杨士奇擅长内政，熟悉吏、户、工等部政务，待人处事多能持平公允，豁然大度且善调和，本人操守无大瑕疵。杨荣多谋善断，有军事才能，曾多次随从成祖出征漠北，但才高气傲，锋芒毕露，不能容人，因其才智不可多得，朝廷对之倚重不衰。杨溥有才学见识，但性格谦退淡泊，对权位无强烈要求，甘处于二杨之后，安于襄助之位。虽然入阁稍后一点，但德望一点不比前两人差。所以，三人均被认为是"人所不及"的人物，而且能够取长补短，"协力相资"。

"蹇夏"即蹇义和夏原吉。蹇义、夏原吉二人从洪武时即开始供职朝廷。成祖即位后，蹇义被提拔为吏部尚书，夏原吉被提升为户部尚书。蹇义为人厚重，作风严谨，熟悉朝廷典章制度，是掌管吏部的理想人才。成祖巡幸北京和北征漠北期间，多次奉命辅助太子监国。夏原吉则精明强干，长于理财。永乐时期连年用兵，大兴土木，朝廷财政支出数以万计，夏原吉精心管理，有条不紊。

总之，“三杨”“蹇夏”五人都是具有丰富的政治经验、较强的处理问题能力和较高政治威望的政治家。他们在仁、宣二帝的充分信任下，互相协作，紧密配合，对宣德时期的国事处理和政治稳定做出了相当重要的贡献。

此外，仁、宣二帝也都比较注意官吏的选拔，注意奖贤褒能、惩处贪吏。比如根据杨士奇的奏请，一次罢斥了有严重贪墨渎职行为的左都御史刘观等 30 余人。宣宗还曾不拘一格选拔高谷、周悦、况钟、黎恬等人在中央任官或任地方行政长官。事实证明，高、周、况、黎都能不负期许，成为一代名臣。

永乐一朝，经常战争，工役繁多，支出浩繁，国力、民力都大受损耗。仁宗、宣宗在位期间都注意到百姓在永乐时期的负担，实行与民休息的政策。仁宗一即位就下令停止为宫中采办宝石、金珠、马匹以及烧铸进供。凡地方受灾，他都下令蠲免田赋。每年都“命户部申明栽种桑枣旧令”，命令工部督促郡县衙门，及时组织人力修筑陂池堤堰等水利设施，不积极的要治罪。所以这一时期的社会经济继洪武、永乐之后，有了进一步的发展。

与此同时，为节省国家财政支出，仁宣时期在国防政策上也一改过去的方针，转攻为守。对漠北蒙古采取“脱扰塞下，驱之而已”的政策，告诫边将“毋贪功”。在南方，宣宗亦于宣德二年（1427）放弃交趾，撤退一切军民官吏。因此，仁宣时期，明王朝南北边境一片宁静祥和。

但是在这繁华与平静的背后，明王朝也并不是没有问题。宣德元年（1426）八月就曾发生过汉王朱高煦争夺皇权之叛。只是由于宣宗处理得果断及时，才没有酿成大的祸乱。此外，由于经济繁荣，社会比较安定，从皇帝到大臣都滋生了一种宴安思想。“臣僚宴乐，以奢相尚，歌妓满前，纪纲为之不振。”土地兼并日益严重，流民问题逐渐形成。在北部边防，对漠北蒙古实行消极的防御政策。宣德五年（1430），明廷因感开平远悬势孤，乃移开平卫于独石，“自此蹙地三百里，尽失龙冈滦河之险，而边地益虚矣”。这些都为仁宣以后的流民暴动和蒙古贵族南下埋下了祸根。

军行当日出仓皇，遗恨千秋此战场。

碧血至今沈朔漠，丹心终古护君王。

垂堂误入奸阉计，勒鼎遥留词客伤。

昭代春秋隆祀典，满庭生气溢馨香。

——〔清〕德保《谒显忠祠》

土木之变

宣德十年（1435）宣宗朱瞻基病死，太子朱祁镇即位，是为明英宗，年号正统。即位时朱祁镇刚刚9岁，太皇太后张氏委托“三杨”辅政。因此，正统初期基本上继承了仁宣时期的各项政策。但到了正统七年（1442）宦官王振独专朝政，国事就乱了套。

王振，蔚州（今河北蔚县）人，自幼选入宫中内书堂，侍奉太子朱祁镇。王振为人狡黠，会来事，颇得朱祁镇欢心。朱祁镇即位以后，马上就让王振掌管司礼监，宠信异常，称呼王振为“先生”，而不称名。但其时因太皇太后贤明，元老“三杨”辅政，王振尚不敢肆意妄为。太后对政事每过几天必遣贴身宦官入阁查问，但凡发现有王振自行决断未经内阁商议者，一定当面严厉指责。正统五年（1440）杨荣去世，正统七年（1442）太皇太后去世。当时杨士奇因儿子杀人被捕入狱而闭门不出。“三杨”中只有杨溥在朝，但年老势孤。于是王振遂肆无忌惮，擅作威福。他除去了朱元璋时在宫中所立的“内臣不得干预政事”的禁碑。让他的侄子王山当上了锦衣卫指挥同知，王林当上了锦衣卫指挥佥事。朝中凡正直不屈，或触犯他的，就唆使纠查部门诬构罪状，横加刑罚。翰林院侍讲刘球因在给朝廷折子中不小心旁及了王振，便被下狱杀头。监察御史李铎因回答王振问话时不下跪，即被谪戍铁岭。其他如将巡抚侍郎于谦、吏部尚书王直关进大狱，将户部尚书刘中敷、侍郎吴玺、陈鸯带上刑具在长安门示众，等等。闹的京城公侯勋戚都称王振为“翁父”，畏祸者争相投靠王振以免一死，贿赂者更是云集。朝政完全被王振控制。

与朝廷政治秩序混乱相对应，正统年间地方上也危机四伏、动荡不已。先有正统二年（1437）麓川宣慰使思任发叛乱，后有正统九年（1444）、十三年（1448）的叶宗留、邓茂七起义。前者征讨达 10 年之久，后者征讨亦达四五年，军民死伤、资财消耗无可估量。

麓川宣慰司相当于今云南瑞丽等地区，与缅甸相邻。正统二年（1437）十月，麓川宣慰使思任发叛乱，派兵四出攻掠。明廷屡加诏谕，思任发拒不受命。所以英宗遂于正统四年（1439）令黔国公沐晟与都督方政率军合兵进剿。因轻敌冒进，方政战死，沐晟惧罪暴死。之后沐晟弟沐昂续统大军征战，也无功而返。正统五年（1440）十二月，思任发修书遣使，表示愿进贡请罪。对此，明廷内部有两种意见，大学士杨士奇、刑部侍郎何文渊等人认为麓川弹丸之地，又远在南陲，疆里不过数百，人民不满万余。主张借机罢兵，而进行政治感召。英国公张辅则主张继续征讨。王振为“示威荒服”，亦力主用兵，并召甘肃总兵蒋贵等进京，待命出征。正统六年（1441）春，明英宗命蒋贵为平蛮将军，兵部尚书王骥提督军务，征麓川，发四川、贵州、湖广兵15万，“转饷半天下”。十二月，思任发大败逃走，王骥等班师回京。这以后，从正统七年（1442）至十三年（1448），因思任发父子屡败屡叛，明军先后多次出征麓川。对麓川用兵，“老师费财，以一隅骚动天下”，极大地消耗了明朝的国力。

明代中叶，随着社会经济的发展，白银成为普遍流通的货币。为保证政府用银和控制白银生产，明政府严禁“盗矿”，并实行封山，闽、浙、赣三省交界地区的仙霞岭即为被封禁山区之一。正统七年（1442），浙江庆元人叶宗留与王能等聚众千余人进入仙霞岭山区开采银矿，因不满明朝政府的封禁政策和多方逼迫，自正统九年（1444）先后两次聚众起义，转战闽、浙、赣三省交界地带，并多次打败朝廷官军，“东南大震”。明政府派都御史张楷等率兵前往镇压。正统十三年（1448），叶宗留战死。部众由叶希八率领，继续与官军作战。景泰元年（1450），叶希八投降，起义失败。

与叶宗留起义相呼应，福建爆发了邓茂七领导的农民起义。正统十三年（1448），因不满地主压迫，邓茂七聚众起义。当时福建因兵卫久弛，百姓苦于新任布政使宋新的贪虐，纷纷响应，没几天，就发展到数万人。先后攻占上杭、汀州、光泽、邵武、顺昌、尤溪、沙县等 20 余县，并进而攻延平，全闽震动。明廷先命都督刘聚等进剿，继以宁阳侯陈懋为征南将军，保定伯梁瑶、平江伯陈豫为左右副总兵，刑部尚书金濂总督军务，太监曹吉祥监军，率京营江浙兵会讨。正统十四年（1449）二月邓茂七阵亡，起义失败。

与明王朝政治黑暗、社会动荡、国力日趋衰弱相反，北方蒙古势力日趋强盛。

蒙古瓦剌部顺宁王脱欢自宣德九年（1434）袭杀鞑靼部阿鲁台，控制东部蒙古后，势力大增。正统初，脱欢又杀瓦剌部贤义、安乐两王，尽有其众。于是蒙古瓦剌、鞑靼各部皆归脱欢统率。脱欢立脱脱不花为可汗，自任丞相，实际掌握着军政大权。正统四年（1439）脱欢死，他的儿子也先继承相位，号称“小王子”。也先即位后，正值明政府对麓川用兵无力北顾之际，也先遂乘机大力扩张势力，东破兀良哈，西破哈密，“结婚沙州、赤斤蒙古诸卫”，其控制地区，西起新疆，东至辽东，北迄贝加尔湖，南至长城，势力之强为元朝退出中原以后所仅有。

随着势力的扩张，也先的野心也随之膨胀，时有南侵之意。而此时的明王朝因英宗幼弱，王振擅权，举措乖张，朝臣离心。加之天灾连年，在云南、闽浙又多年用兵，军民交困，朝廷上下，只注意国内，而无暇注意北部边防，因此导致军伍废弛，边防空虚。正统十四年（1449）二月，也先遣使 2000 人进马，诈称 3000

人，以冒领赏赐。王振核实以后，令礼部按实有人数给予赏赐，并减去马价的4/5。也先得到回报，勃然大怒，遂于同年七月统率各部，分路南下，大举向明朝进攻。东路，由脱脱不花与兀良哈部攻辽东；西路，派别将进攻甘州（今甘肃张掖）；中路，由阿剌知院率骑兵一部进攻宣府、赤城，主力则由也先亲率进攻大同。也先进攻大同的一路“兵锋锐甚，大同兵失利，塞外城堡，所至陷没”。七月十一日也先军进至猫儿庄（今内蒙古丰镇市东北），明参将吴浩迎战阵亡。

败报传到北京，明英宗朱祁镇在王振蛊惑与挟持下不顾朝臣反对，决意亲征。“命下，二日即行，事出仓卒，举朝震骇。”七月十六日，英宗率英国公张辅、成国公朱勇、兵部尚书邝埜、户部尚书王佐等以下官兵50余万人出征。十九日，出居庸关，过怀来，至宣府。因事出仓促，又赶上连日风雨，士气低落，意见纷纷。随行的大臣连上奏章请求停下来，好好商量商量。王振大怒，把他们全部派到军中压阵。还没到大同，兵士已缺粮，僵尸满路。蒙古兵佯装躲避，诱敌深入。八月一日至大同，王振仍一意孤行，继续催兵北进。但一与敌人接触，前军西宁侯朱瑛、武进伯朱冕即全军覆没。这下王振慌了，急忙下令撤军。

八月三日明军撤退。开始准备从紫荆关（今河北易县西北）入关，从大同到紫荆关要经过蔚州。而王振是蔚州人，因担心军队通过踩坏他家的庄稼，便又儿戏般地改道宣府。也先得到英宗退兵的消息，日夜兼程，紧紧追击。明军边战边退，十三日退至土木堡。土木堡离怀来城仅 20 里，随征将士均建议入城防守，但王振因其辎重未到，拒不采纳。十四日，也先大军追至，土木堡被重重包围。土木堡地势高亢，明军掘地二丈仍不得水，而南面的河流又被也先的部队占领，明军人马饥渴难耐。十五日，也先派使者假意讲和，并指挥军队佯退。王振不知是计，见也先退兵，立刻下令移营河边。部队刚刚移动了三四里，“敌复四面攻围，兵士争先奔逸，势不能止”。英宗与亲军突围不得出，下马盘膝而坐被俘。太监王振、英国公张辅、尚书邝埜、王佐等随征官员 50 余人均战死，其他官兵死伤达数十万人。明军这次惨败，史称“土木之变”。

健儿马上吹胡笳，旌旗五色如云霞。
紫髯将军挂金印，意气平吞瓦剌家。
瓦剌穷胡真犬豕，敢向边疆挠赤子。
狼贪鼠窃去复来，不解偷生求速死。
将军出塞整戎行，十万戈矛映雪霜。
左将才看收部落，前军又报缚戎王。
羽书捷奏上神州，喜动天颜宠数优。
不愿千金万户侯，凯歌但愿早回头。

——〔明〕于谦《出塞》

固守京畿

英宗被俘、土木惨败的消息传到北京，朝廷众官一片恐慌，聚集在殿廷上号啕大哭。皇太后和留守京城的郕王朱祁钰急召大臣朝议。翰林侍讲徐珵竟主张逃跑，建议迁都南京。他的这一谬论当即遭到兵部左侍郎于谦的坚决反对，于谦说：“言南迁者，可斩也。京师天下根本，一动则大事去矣，独不见宋南渡事乎！”于谦的意见，得到了吏部尚书王直、内阁学士陈循的支持。在于谦、王直、陈循以及商辂、王竑等坚决主战的激励下，朱祁钰和皇太后决心抗战，并把守卫重任托付给了于谦。

于谦受任后，立即和主战派官员一起，采取了一系列紧急措施来稳定局势，安定民心。首先，调外省军队入援。土木之变中，京师精锐丧失殆尽，残兵不及十万，军心浮动，上下无斗志。于谦于受事的第二天立即奏请朱祁钰调取两京、河南备操军，山东及南京沿海备倭军，江北及北京诸府运粮军，以及宁阳侯陈懋所率的浙兵急赴京师守卫。同日又命令将通州漕粮全部移入京师。当时通州仓存粮百万石，因担心落入瓦剌手中，起初打算焚毁。后来于谦接受了应天巡抚周忱的建议，征调顺天府大车五百辆运通州仓粮进京。各地军队陆续来到京师，粮食储备更加充足，京师人心渐趋安定。

其次，清洗王振同党势力。正统十四年（1449）八月，于谦升任兵部尚书。二十三日，郕王登临午门代理朝政，右都御史陈镒等恸哭请族诛王振，王振私党马顺呵斥群臣退下。给事中王竑一跃而起，一把抓住马顺的头发，激愤地说："你们这些奸党，论罪早就当诛，到今天还敢如此嚣张！"群臣随之一哄而上，立即把马顺击毙。并向郕王索要宦官毛贵、王长随，朱祁钰派人将二人从宫中轰出，众人你一拳，我一脚，二人血溅廷陛，当场毙命。不一会儿，有人又把王振的侄子王山捆来，众人争相唾骂，朝班大乱。朱祁钰见状欲起身离开，于谦分开众人上前拦住郕王，请他当场宣谕说："'顺等罪当死'。众乃定。谦袍袖为之尽裂。"随后郕王又下令把王山捆送刑场，凌迟处死。王振家族无论老小一律斩首。不久，王振党徒宦官郭敬、彭德清从大同逃归京师，也被抄家下狱。

内部隐患一除，于谦即进一步加强战备。他推荐右都御史陈镒安抚畿内军民；请封镇守宣府总兵杨洪为昌平伯，以表彰其护城之功；升广东东莞河泊所闸官罗通任兵部郎中守居庸关；派四川按察使曹泰守紫荆关；封石亨为武清伯总管京营兵马；下令将南京军械兵器运往京师，以备作战之需。

为进一步稳定政局，有利于对瓦剌的斗争，于谦等人以国家无主，太子幼弱为由，请太后立郕王为帝。九月初六郕王即皇帝（景帝）位，遥尊朱祁镇为太上皇，以次年为景泰元年。

根据敌我双方的军事态势和也先的气焰，于谦估计也先一定不会就此罢兵。所以他一方面继续选派得力将领，增补关隘，加派援军，调整长城防守，另一方面又派遣御史白圭、编修杨鼎等15人，募兵畿内、山东、山西、河南等地，并招募民夫，更替沿河漕运官军，集中京师备用。同时工部征集资财，命京内外军工厂昼夜加工，赶造攻战武器，以备作战之用。

也先掳得明英宗以后，原以为奇货可居，想利用他来做人质，以威胁并诈诱明朝各边镇开城迎降。由于于谦严令各将领坚守关隘，“自今瓦剌奉驾到，不得轻出”。因此，也先拥英宗到宣府、大同等处，守将都闭门不纳。也先见政治手段达不到目的，于是就发动了第二次攻势。十月初，瓦剌分兵三路，一路攻辽东，一路进犯甘肃沿边，也先率主力越过大同，直冲紫荆关，阿剌军突入古北口。十月九日，也先破紫荆关，阿剌军从赤城南下，两路向北京合围。当时在北京，明朝从各地征调和新募的军队约 23 万人，但有盔甲者仅 1/10。于谦认为不可示弱，当即分遣诸将列阵于九门之外，迎击敌军。并下令尽闭各城门，以示誓与京城共存亡的决心。他自己和石亨一起驻营德胜门外，抵挡敌人的正面进攻。特令“临阵，将不顾军先退者，斩其将；军不顾将先退者，后队斩前队”。于是，将士人人效命，士气昂扬。

十一日，瓦剌军列阵西直门外。也先让英宗致书明廷，要于谦等大臣出来迎驾，但遭拒绝。当夜，也先派骑兵一部攻扰彰仪门，为明都督高礼、毛福寿击败。十三日，也先率军进攻德胜门，于谦令石亨设伏于道旁空房中，数骑诱敌进入埋伏圈后，火器齐发，伏兵四起，瓦剌军大败。也先弟孛罗和瓦剌平章卯那孩均中炮身亡。瓦剌军转攻其他城门，同样受到明军的坚决抗击。相持 5 天后，也先见英宗的书信得不到回应，战斗又屡屡失利，又闻听各地勤王部队很快就要到达，担心退路被截断，便带着英宗由良乡西撤。明军一路追击，直至边关。

也先退回塞外后，仍不甘心，继续对明王朝采取攻势。政治上，声称要送还英宗，与明廷议和；军事上对明朝边镇连续发动攻击。景泰元年春夏两季，瓦剌军先后侵扰了宁夏、大同、庆阳、朔州、阳和、万全等广大地区。对此，于谦采取了针锋相对的措施，针对明廷内部的和议倾向，公开提出“社稷为重，君为轻”的口号，派人申诫各边镇将帅，积极防御，勿中敌计。同时选派得力将领镇守边防重地，对瓦剌军的进攻，坚决予以还击。他号令严肃、赏罚分明，因而，片纸行万里，无不惴惴效力。在于谦的整顿和指挥下，明王朝边防力量大大增强，各边镇将帅也都积极备战，因而瓦剌的多次骚扰，均被击败。

也先起初以为明边防空虚，以明英宗为招牌，大同、宣府等处，当不难攻破，但经半年的攻扰，明军屹立不动，自己却毫无所得。而内部脱脱不花与阿剌知院，对也先专权日益不满，时思推翻之。他们除与明王朝互通使节外，并将所部从前线撤归。也先南侵既不得手，又为内部情势所迫，遂不得不于景泰元年（1450）八月将英宗送回北京。至此，明王朝在这场危机中，对蒙古瓦剌不论在战役上还是在战略上都取得了完全的胜利。

煮豆燃豆萁，豆在釜中泣。

本是同根生，相煎何太急。

——〔三国〕曹植《七步诗》

南宫复辟

英宗被俘，景帝继统之初，朱祁钰由于担心皇位受到威胁，非常不愿意英宗回朝。于谦等大臣出于战略上的考虑，也不愿与瓦剌议和。后来，也先在明王朝政治上拒绝和谈，军事上坚决反击的双重逼迫下，被迫将英宗无条件送还之际，明王朝内部在以什么方式迎接英宗和英宗归来后，如何对待英宗的问题上政治态度有了微妙的区别。朝廷众臣或感于君臣之义，或顾及国家声誉，多主张应隆重迎接，认为礼不宜薄。但朱祁钰由于个人原因，则力主简化仪式，淡化影响，所以他迟迟不肯派遣大臣迎驾，在给也先的敕书中也没有迎驾之语。后来在群臣敦请下，虽不得不迎驾，但仪式非常简单，只派翰林院侍读商辂率一轿二马迎于居庸关，至安定门才易法驾。景泰元年（1450）八月十五日，朱祁镇至北京，被朱祁钰幽居于南宫。

英宗被禁锢在南宫后，景帝派人严加守备，严禁大臣朝见。英宗归来后，脱脱不花和也先多次向明朝遣使致贡，每次也都给英宗带来一些东西。景帝为避免英宗与瓦剌有任何交往。不顾尚书王直、金濂等的异议，对瓦剌派来的贡使一律不遣使回报，以与瓦剌绝交。

景帝即位以后，不久就想以自己的儿子替代太子，但因对英宗薄礼，已引起群臣非议和不满，所以在更换太子问题上，他迟迟难于开口。太监王诚、舒良为朱祁钰出主意，让他赏赐大臣金银，以封其口。“至是，上意既定，恐文武大臣不从，乃分赐内阁诸学士金五十两，银倍之，陈循、王文等遂以太子为可易。”正值此时，广西浔州守备黄玹上书建议“易储”，景帝遂乘机加速更换太子。

黄玹为广西浔州守备，因私怨杀害了他的弟弟思明土知府黄㺹父子。广西巡抚李棠、总兵武毅知道后，立即上报朝廷，并派人拘捕了黄玹。黄玹为逃脱死罪，便派其心腹千户袁洪前往京师，上书请更换太子。景帝看到奏章后，大喜过望，说：“万里之外乃有此忠臣。”当即下令赦免了黄玹的死罪，并下令礼部召集廷臣商议废立太子一事。在礼部召集的会上，大臣们都默不作声。久之，司礼监太监兴安见状，厉声说：“此事不可不了了之，认为不可以的可以不署名，不得首鼠两端。”群臣皆唯唯署议，并联名合奏“陛下膺天明命，中兴邦家，统绪之传，宜归圣子”。景泰三年（1452）四月，景帝遂正式立其子朱见济为皇太子，而改封皇太子朱见深为沂王。

但不幸的是，朱见济太短命，封为皇太子仅一年多，即于景泰四年（1453）十一月病死。景帝仅此一子，不少廷臣见储位虚悬，遂建议再建皇储，复立朱见深为皇太子。景泰五年（1454），御史钟同和礼部郎中章纶先后上书，请“还沂王于储位，定天下之大本”。景帝勃然大怒，“疏上，下锦衣狱鞠讯，体无完肤”。与此同时，景帝见廷臣怀念英宗，对南宫防范更加严密。因探知英宗常依城边高树休息，于是便令人将南宫及其附近树木全部砍光，以防意外。

景泰八年（1457）正月，朱祁钰病重，群臣上书请立太子。景帝传谕说：“朕偶有寒疾，十七日当早朝，所请不允。”武清侯石亨因奉诏榻前，见景帝病势沉重，将不久于人世。于是就与都督张軏、太监曹吉祥等谋议，认为复立太子，不如请太上皇复位，可得功赏。他们又和太常卿许彬商议，许彬以为此举为不世之功，并请石亨等去和左佥都御史徐有贞商议。石亨等遂连夜赶往徐有贞家，徐有贞闻之，大喜，说：“必须让太上皇知道。”张軏说：“已经暗地里通报了。”徐有贞又令太监曹吉祥入宫将信息通报太后。十六日晚，徐有贞以边境有敌情为借口，谎称以防万一，命令张軏等率部进入大内。石亨掌管宫门钥匙，夜里四鼓时刻，打开长安门将张軏等放了进来。进来后，“复闭以遏外兵”。到了南宫门口，因门打不开，“毁墙以入”，见到英宗，徐有贞等立即拜伏请登大位，并大呼抬轿进来。因事出突然，士兵们紧张得抬不起轿来，徐有贞率众人合力抬轿以行。一边走，英宗一边问诸人姓名。至东华门，卫兵不开门，英宗高呼“朕太上皇帝也”，卫兵们呼啦闪开。到奉天门，英宗就座，徐有贞等三呼万岁。当时百官因候景帝早朝，均在朝房中等待，听见宫中喧闹，正感到惊疑，徐有贞出来大声说："太上皇帝复位了!"并催促众臣入贺。百官惊愕入谒，英宗宣谕复位，众人才定下神来。当日，英宗即命徐有贞以原官兼学士入内阁参与机务。第二天逮兵部尚书于谦、大学士王文等入狱。二十一日，改景泰八年为天顺元年（1457）。二十二日杀于谦、王文等。二月初，废景帝仍为郕王，迁居西内。10多天后，朱祁钰死于西宫。这场宫廷政变，史称"夺门之变"，亦称"南宫复辟"。

英宗复辟后，立即大肆封赏夺门功臣。徐有贞爵封武功伯，以兵部尚书兼大学士入阁预机务。石亨晋爵为忠国公，太监曹吉祥被赐予锦衣卫世职。其他在政变中有功的官员，也分别被封为侯、伯或加官晋俸。投机者在宫廷政变这场政治豪赌中，成了最大的赢家。

这些政治投机分子当政伊始，马上就露出了丑恶的嘴脸。其中石亨、曹吉祥、徐有贞三人，依仗夺门迎复之功，最为骄横跋扈。石亨大肆收受贿赂，引用安插私人，他的弟侄家人冒功锦衣卫者50余人，部曲亲故以参与"夺门"的名义谋取官职的高达4000余人。而朝中大臣，则被他以各种名义斥逐殆尽。与此同时，石亨还公开卖官鬻爵，根据出价的高低决定官职的好坏，出钱的先后作为官职给予的迟早。一时势焰熏灼，门庭若市。太监曹吉祥除被赐予锦衣卫世职外，还掌管了司礼监，督三大营，厮养冒官者多至千百人，朝臣也多有依附者，权势与石亨相当，时人并称“曹石”。徐有贞入阁以后，排挤阁臣，独揽事权。英宗因其有才，也十分宠信。“有贞既得志，则思自异于曹、石，窥帝于二人不能无厌色，乃稍稍裁之，且微言其贪横状，帝亦为之动。”石亨、曹吉祥知道后，极为怨恨，日夜图谋打击徐有贞。当时英宗非常宠信徐有贞，经常屏退众人与他密商军国大事。曹吉祥命英宗的贴身宦官偷偷窃听，并找机会故意在英宗面前泄露。英宗大惊，急忙追问从哪里听说的此事，他们就回答说：“受之有贞，某日语某事，外间无弗闻。”从此，英宗就开始有意疏远徐有贞。离间计成功后，曹吉祥和石亨又唆使言官弹劾徐有贞“图擅威权，排斥勋旧”。于是徐有贞被逮捕入狱，不久被贬为民，发配边疆。

徐有贞被免职后，石亨、曹吉祥更是招权纳贿，肆行无忌，也不断为人所告发。而石亨几乎每天都要进见英宗，并以总兵官的身份多次干预政事。他的意见或者所请的事项没被接纳，立时就会将不满表现在脸上或言语中。即使英宗没有召见，他也必定假借有事进宫，“出则张大其势，市权利”。石亨位高权重，他的侄子石彪也被封为定远侯，骄横异常。“两家蓄材官猛士数万，中外将帅半出其门，都人侧目。”石氏叔侄骄横不法并掌握内外兵权，引起了英宗的疑虑和不满。内阁大臣李贤于是乘机劝英宗独断，权勿下移。英宗遂下令，没有他的宣召，石亨不得入宫。石亨见自己地位下降，便心怀怨恨，阴谋造反。他对其同党说：“大同士马甲天下，我素来待之不薄，目前石彪在那可以依靠。找适当的机会，再让石彪代李文佩镇朔将军印，专制大同，北塞紫荆关，东据临清，决高邮运河堤，以绝饷道，京师可不战而困矣。”天顺三年（1459）七月，英宗召石彪回京，石彪拒不从命，请求继续镇守大同。英宗愈发猜疑，八月令锦衣卫将石彪逮捕入狱。罢免石亨一切官职，禁止其上朝。不久也被逮捕入狱。天顺四年（1460）二月，石彪以谋叛罪被杀，石亨病死于狱中。

石亨死后，曹吉祥惶惶不可终日，认为自己与石亨同功，石亨既败，自己绝不能独全。于是渐蓄异谋，结死党，阴谋废掉英宗。天顺五年（1461）七月，因甘肃、凉州有边警，英宗派怀宁伯孙镗、兵部尚书马昂统京军前往征讨，准备于七月初二早晨出师。于是，二曹便密谋在这天凌晨朝门大开之际，曹吉祥以禁兵为内应，曹钦自外带兵一拥而上杀死孙镗、马昂，入宫废帝。计划定好后，曹钦便和其私党数十人夜饮等待举事。夜里二鼓时分，孙镗与恭顺侯吴瑾、广义伯吴琮来到朝房等待皇上召见。都指挥马亮从曹钦的酒席上逃走，向吴瑾、吴琮举报了二曹密谋政变的消息。吴瑾、吴琮立即告诉了孙镗，三人一起躲到另外的房间，马上起草了奏章，从门缝中投进宫中。英宗接到报告，立即逮捕了曹吉祥，并下令紧闭皇城及京城九门。曹钦发现消息走漏后，立即率领其手下冲进朝房砍杀值班官员，并纵火焚烧东西长安门。孙镗急召西征军投入战斗。由于城门禁闭，曹钦突不出去，乃奔回家中拒战。孙镗率军奋力攻入，曹钦投井死，其全家被杀。三天后，曹吉祥被凌迟处死。这一事件与石亨谋叛合称“曹石之变”。

千锤万凿出深山，
烈火焚烧若等闲。
粉身碎骨浑不怕，
要留清白在人间。

——〔明〕于谦《石灰吟》

汪直弄权

谈到明朝，可能大家记忆最深的就是它的恐怖政治了，而作为恐怖政治的代言人——锦衣卫与东西厂，则更是赫赫有名。

锦衣卫设立于洪武十五年（1382），首领称为指挥使（或指挥同知、指挥佥事），一般由皇帝的亲信武将担任，很少由太监担任。其职能是“掌直驾侍卫、巡察缉捕”。“掌直驾侍卫”，即负责执掌侍卫、展列仪仗和随同皇帝出巡的锦衣卫，基本上与传统的禁卫军没什么两样。至于“巡察缉捕”，即成为皇帝的私人警察，则是锦衣卫区别于其他各朝禁卫军的特殊之处。负责侦缉刑事的锦衣卫机构是南北镇抚司，其中北镇抚司专理皇帝钦定的案件，拥有自己的监狱（诏狱），可以自行逮捕、刑讯、处决，不必经过一般司法机构。

东厂的发明者是明成祖朱棣。在发动靖难之役夺取了侄子的皇位后，朱棣的精神一直处在高度紧张中：一方面，建文帝未死的流言不时出现；另一方面，朝廷中的很多大臣对新政权并不十分支持。为了巩固政权，朱棣迫切需要一个强力机构，但他觉得设在宫外的锦衣卫使用起来并不是很方便，于是决定建立一个新的机构。在朱棣起兵的过程中，一些宦官和和尚出过很大力，所以在他心目中，还是觉得宦官比较可靠，而且他们身处皇宫，联系起来也比较方便。就这样，在明成祖迁都北京之后，建立了一个由宦官掌领的侦缉机构，由于其地址位于东安门北侧（今王府井大街北部东厂胡同），因此被命名为东厂。东厂的职能是“缉访谋逆妖言大奸恶等，与锦衣卫均权势”。起初，东厂只负责侦缉、抓人，并没有审讯犯人的权利，抓住的嫌疑犯要交给锦衣卫北镇抚司审理。但到了明末，东厂也有了自己的监狱。东厂的首领称为东厂掌印太监，也称厂主和厂督，是宦官中仅次于司礼监掌印太监的第二号人物。东厂的侦缉范围非常广，朝廷会审大案、锦衣卫北镇抚司拷问重犯，东厂都要派人听审；朝廷的各个衙门都有东厂人员坐班，监视官员们的一举一动；一些重要衙门的文件，如兵部的各种边报、塘报，东厂都要派人查看；甚至连普通百姓的日常生活，柴米油盐的价格，也在东厂的侦察范围之内。东厂获得的情报，可以直接向皇帝报告，相比锦衣卫必须采用奏章的形式进行汇报，要方便得多。

西厂则出现于明宪宗成化年间。明宪宗名叫朱见深，为英宗长子。正统十四年（1449）英宗土木堡被俘以后，被皇太后立为太子。景泰三年（1452）被景帝废为沂王。天顺元年（1457）英宗复位后又被立为太子。天顺八年正月英宗病死，朱见深即皇帝位，建元成化，史称宪宗。

宪宗在位 24 年，其即位之初，洗于谦之冤，复团营之制，起用前朝被贬官员等，一时颇有振作之象。但由于早年生活经历和个人性格的影响，很快即沉溺于神仙佛老和声色货利之中，并宠信宦官汪直，政治腐败、黑暗至极。

汪直，广西大藤峡瑶族人。幼年入宫，侍奉万贵妃，为人狡黠，深得宪宗喜爱，掌管御马监。成化十二年（1476），江湖人士李子龙勾结太监鲍石、郑忠，私自进入内宫，事发后被杀。此事引起宪宗极大不安，急欲了解宫外事，于是便令汪直改换服装带领锦衣卫校尉，不断密出伺察。第二年，尝到甜头的明宪宗命令从锦衣卫中选拔善于侦察的官校百余人单独成立一个特务机构——西厂，命令汪直直接统领，“分命诸校广刺督责，大政小事，方言巷语，悉采以闻”。西厂所领缇骑人数数倍于东厂，势力远出东厂、锦衣卫之上。

汪直督领西厂以后，自诸王府边镇及南北河道，校尉遍布，乃至民间斗詈鸡狗琐事，均施以重法。其旗校“多为赝书诱愚民而后捕之，冤死相属，廷臣莫敢言”。同时，他还任用锦衣卫百户韦瑛作为心腹，屡兴大狱。其逮捕朝臣，想抓就抓，想放就放，肆无忌惮。汪直一出门，随从前呼后拥，朝廷公卿大臣遇者皆避道，气焰嚣张至极。汪直的胡作非为，引起了朝中正直大臣的强力反弹。成化十三年（1477）五月，大学士商辂率同官弹劾汪直，并称“近日伺察太繁，政令太急，刑网太密，人情疑畏，汹汹不安。盖缘陛下委听断于汪直，而直又寄耳目于群小也。中外骚然，安保其无意外不测不变”。声言自汪直用事，“士大夫不安其职，商贾不安于途，庶民不安于业。若不亟去，天下安危未可知也”。宪宗看到奏疏后非常不高兴，说：“用一内竖，怎么就危及天下了?”于是便命太监怀恩、覃吉到内阁调查谁是主奏者。商辂正色说：“朝臣无大小，如果有罪法司均要请示圣意后才能逮捕讯问，汪直却擅自抄没三品以上京官的家宅。大同、宣府两镇，是边防要害，守备军官一会儿都不可或缺，汪直却一日械数人。南京是祖宗根本地，留守大臣，汪直也敢擅自收捕。汪直不除，天下安得无危?”户部尚书项忠也带领中央各部长官集体弹劾。宪宗不得已，下令解散了西厂，让汪直回御马监，贬谪韦瑛戍守宣府，西厂旗校回锦衣卫，一时人心大快。

西厂虽然解散了，但宪宗依然对汪直信任不衰，仍不时令其密察外事。六月，御史戴缙因为九年任职期满没能升迁，急于谋进，遂上书盛赞汪直，请求恢复西厂。明宪宗看后大喜，立即于六月十五日恢复了西厂。西厂恢复后，大学士商辂知事已不可为，乃上书辞职。商辂离职后，南京兵部尚书薛远、刑部尚书董方，侍郎滕昭、程万里，都御史李宾等数千人先后被诬劾去职。“士大夫益俯首事直，无敢与抗者。”

朝廷得手以后，汪直又开始插手边防。成化十四年（1478）

夏五月，汪直奏请按文科例设武科乡试、会试、殿试。七月，辽东巡抚陈钺因为杀害海西女真部落民冒充寇贼邀功，激起女真人骚乱。朝廷令兵部右侍郎马文升前往抚谕。马文升到抚顺后，将被抓女真贡使放回，让其说服部众，“使知朝廷德意”。然后召集部落首领，慰劳备至。平息了骚乱。但不久，女真人又反悔，纵兵抢掠，马文升发兵击败了他们，再次平定了骚乱。事情经过传到朝廷后，汪直说：“既然已经受抚了，怎么又反叛?”并乘机奏请宪宗，亲自前往辽东。汪直至辽东后，巡抚陈钺极尽拍马奉承之能事，颇得汪直的欢心。而马文升则不卑不亢，“独与直抗礼”。于是汪直遂颠倒黑白，将陈钺之“激变属部”奏为马文升擅禁农器，从而激起边衅。结果马文升被逮京诏狱，谪戍重庆。

成化十五年（1479）秋七月，汪直再次出行辽东。同年冬，听信陈钺的意见派出大部队讨伐海西女真，在广宁遇到女真贡使40人，残忍加以杀害，而以大捷谎报朝廷。明宪宗竟信以为真，“论功加汪直岁禄，监督二十团营。陈钺升户部尚书”。

成化十六年（1480），汪直又奉命巡行大同、宣府。兵部尚书王越见陈钺协助汪直出征得宠，非常嫉妒。于是诈称蒙古亦思马因犯边，劝汪直出兵。三月，汪直、王越率兵出塞，“袭敌于威宁，破之，越封威宁伯”。汪直的轻启边衅，招致了边境的不安宁，不久，海西女真骚扰辽东，亦思马因侵扰大同，杀掠甚众。

汪直与“二钺”的勾结作恶，引起了广泛的不满。宫中有一个小宦官叫阿丑，善于演滑稽戏，有一日在宪宗前假装醉酒谩骂状，边上的人说：皇上来了。他依然谩骂依旧。说：汪太监到了。他赶紧躲开说："今人但知汪太监也。"又假装成汪的样子拿了两把铜钺来到宪宗面前说："吾将兵，杖此两钺耳。"宪宗问是什么钺？他回答说是王越和陈钺。宪宗哈哈大笑，稍有所醒悟。与此同时，主持东厂的太监尚铭因与汪直争功，全面揭发了汪直和"二钺"的不法之事，明宪宗于是开始疏远汪直。成化十七年（1481）秋，汪直和王越受命往行宣府，任务完成后请求班师回朝，遭到宪宗的拒绝，只好滞留在宣府。成化十八年（1482）三月宪宗复罢西厂，成化十九年（1483）六月，调汪直到南京御马监。不久，其党羽王越、陈钺和工部尚书戴缙、锦衣卫指挥使吴绶等均被革职为民。汪直专权的历史遂告结束。

自身有病自心知，身病还将心自医。

心若病时身亦病，心生原是病生时。

——〔明〕朱祐樘《自嘲》

弘治中兴

明代守成令主，除了仁宣二帝之外，就是孝宗了。孝宗名祐樘，是明宪宗的第三个儿子，成化二十三年（1487）九月即位，年仅18岁。孝宗为人恭俭温和，比较开明。在位18年，专力于内政，勤求治理，起用的官员多为正直、敢言、方正之士，不事奢靡，抑制外戚宦官，远离佞臣小人，锐意求治，因而政治较为清明，社会安宁，史称"弘治中兴"。

宪宗毕生沉溺于声色货利与神仙佛道，为群小所包围，孝宗做太子时即已看得清清楚楚。因此孝宗即位伊始，为刷新政治，就首先拿他们开刀。一方面，凡宪宗所亲信之奸佞，如礼部右侍郎方士李孜省，奸僧继晓，太常卿道士赵玉芝、邓常恩，太监梁芳，都督陈喜等均或贬或杀，一一斥逐。另一方面，又下令罢黜传奉官，夺僧道封号。传奉官到弘治初年已泛滥至数千人，孝宗即位后的一个月，一次即罢去2000人，并论罪谪戍。同月吏部又革去文职官、带俸官564人。同时针对宪宗末年"僧尼道士充满道路”的局面，孝宗一即位就罢遣禅师、真人等240余人，法王、佛子、国师等780余人。全国除留大慈恩寺住持者5人，革职随留住者10人，其余皆放还本土。其中汉人学习番教者，不论有无官职度牒，全部遣回原籍当差。僧录司120人只留9人，道录司130人只留8人，其余俱遣散。其他“扶鸾、祷圣、驱雷、唤雨、捉鬼、耳报一切邪术人等及无名之人，俱限一月内尽逐出京，仍有潜住者，有司执之”。这一系列疾风骤雨式的行动，将成化朝政坛上的颓败之风一扫而空，并为刷新政治扫除了障碍。

为进一步起弊振衰，在罢斥奸佞的同时，明孝宗对中央政府官员进行了大规模整顿。成化后期，在朝执政大臣多任非其人。内阁首辅万安既不学无术，又品行低下。担任首辅以后，不务正业，到处拉关系，并勾结宦官为内援。当时万贵妃在后宫最受宠，万安殷勤侍候，偌大一把年纪，却自称是万贵妃的侄子。宪宗长期怠政不见大臣，朝臣多次上言建议应定期召集大臣议政。可等到宪宗召见，万安却不奏时政，只知道一味叩头呼万岁，一时传为笑谈，人称“万岁阁老”。户部尚书内阁大学士刘吉狡诈多智，善附会，好营私，经常被监察部门弹劾。在内阁18年，人们称之为“刘棉花”，“以其耐弹也”。吏部侍郎、内阁大学士彭华老谋深算，整天琢磨找别人的短处。兵部尚书、内阁大学士尹直明敏博学，熟悉典章制度，但却浮躁急进，行为张狂，并与吏部尚书尹旻交恶。孝宗即位后，首逐万安，用徐博。继罢尹直，用刘健。起用已经退休但德高望重的南京兵部尚书王恕为吏部尚书。晋南京兵部尚书马文升为左都御史，不久又升为兵部尚书并提督团营。拔南京刑部尚书何乔新为刑部尚书。礼部右侍郎邱睿也于弘治四年被升为礼部尚书入阁预机务。一时正直才俊之士多在朝列。与此同时，鉴于成化以来官员晋升冗滥，孝宗一方面将京官十年一考察的制度，改为六年周期。另一方面又将朝廷中下级官员级别全部下调。从三品、四品降到正、从六品；五品、六品降到正、从八品；七品以下降杂职，调外地叙用。其余愿退休的，按原有官职待遇退休。原无官授职者降边远地区任杂职，愿闲住者照初职闲住。乐、舞、生、道士出身者冠带闲住。监生、生员、儒者未授官者而有志科举者优先备案放回，居父母丧和养病者一律退休。至此，朝政为之一清。弘治一朝，因孝宗明于用人，“朝多君子”，故朝序清宁，政局平稳。

为刷新政治，明孝宗自己也以身作则，勤求治理，不但遵祖制开设了大小经筵，而且于早朝之外，恢复了午朝。明初经筵，原无定日，随皇帝兴之所至，则令文学侍从之臣讲说。正统初年，经筵开始制度化。大经筵，又名月讲，在一年的二月至五月，八月至十月中的逢二（初二、十二、二十二）日中于文华殿举行，仪式隆重，具礼而已。小经筵，又名日讲，不受季节限制，随时举行，地点也在文华殿，除开讲日外，其余时间讲课者不用穿官服，皆穿常服进讲。成化年间，因宪宗怠于政事，“遇寒暑，即令停止，动经数月。讲经之臣，无由进见”。实际已渐成虚文。弘治元年（1488）初，孝宗接受少詹事杨守陈的建议，恢复了经筵制度。鉴于前朝进讲之臣“劝戒少而颂美多，讲吉不讲凶，讲治不讲乱，讲得不讲失，讲存不讲亡”的弊端，孝宗提倡直言不讳，并长期坚持。弘治初年，“日讲常至岁暮不辍”。孝宗且于经筵日讲之暇常与阁臣议处政务。在开经筵的同时，明孝宗又于早朝之外，恢复了午朝。明初朝会，除元旦、节日等大朝隆重行礼，其余皆为常朝。早朝处理四方奏事，午后事简，群臣之间可以相互议论，永乐时称为晚朝。

弘治时期，孝宗君臣也比较注意节用恤民，较少与民争利。弘治元年（1488），马文升上书议论时政，切中时弊。其所提建议孝宗不仅全部采纳，而且还特意从奏疏中摘出“一应供应之物，陛下量减一分，则民受一分之赐”这句话，用来激励自己。弘治二年（1489），听从左侍郎倪岳的意见，减斋醮，罢供应，省营缮。弘治四年（1491）春，因陕西战事用兵，罢织造宦官。八月，因水灾停南京、浙江额外织造，召督造官回京。弘治五年（1492），拿出国库银两赈济杭州、嘉兴、湖州大水灾民。弘治十一年（1498），修缮清宁宫，兵部尚书马文升请发内帑，免征派，停止四川采木之扰，孝宗也同意了。

孝宗也比较注意抑制皇亲贵戚等势家近幸为非作歹和占夺、接受投献土地，避免与民争利。弘治三年（1490），孝宗曾下令严禁“皇亲并权豪势要之家奏讨地土。……敢有……妄将民间地土投献者，……投献之人，问发边卫，永远充军，田地还给寺观及应得之人管业，其受投献家长并管庄之人，参究治罪”。弘治五年

(1492)，巡抚保定都御史史琳奏有宦官假借供应朝廷夺取百姓田园，孝宗立即下令召回。弘治十年（1497）秋，皇后张氏娘家本来在河间府有地400顷，却还想兼并旁近民田千余顷，且要求每亩加税银2分。户部尚书周经言：河间府地多数地势本来就好，旱时贫民才能在滩地上耕种，遇涝就淹没了。如果再加税，将贻害无穷。劝孝宗千万不要开这个先例，孝宗接受了。“一时贵戚近幸有所陈请，一裁以法，皆敛不得肆。”终孝宗之世，抑制势家近幸占夺、奏乞民田，禁止勋戚宦官与民争利，一直受到弘治君臣的相当关注。

孝宗君臣进行的上述一系列政治改良，有效缓和了正统以来日益激化的社会矛盾，使人民生活相对安定，因而弘治一朝政局、社会均相对稳定，与其前后两朝（成化、正德）的动荡不已，形成鲜明对比。

桃花坞里桃花庵，桃花庵下桃花仙。
桃花仙人种桃树，又摘桃花换酒钱。
酒醒只在花前坐，酒醉还来花下眠。
半醉半醒日复日，花落花开年复年。

——〔明〕唐寅《桃花庵》

武宗乱政

武宗朱厚照是明代最荒唐的皇帝。他一生不以国事为重，一味沉溺于淫乐嬉戏、恣意妄为，因而导致正德一朝奸佞横行，朝政混乱，社会动荡不安，明代政治自此步入衰败之途。

武宗 2 岁时即被立为皇太子，天性聪颖，喜好骑射，终日与宦官为伍，嬉戏作乐。但因孝宗健在，所以未敢放肆。弘治十八年（1505），孝宗病逝，武宗继承皇位。甫一即位，武宗即原形毕露，在其做太子时的旧侍刘瑾、马永成、谷大用、魏彬、张永、丘聚、高凤、罗祥等宦官“八党”的诱导下，日为狗马鹰犬、歌舞、角抵，肆意玩乐。孝宗遗诏中所宣布准备兴革者，全废格不行。并经常以朝见两宫、练习骑马为由免除经筵。每日的朝参，也迟迟不到，或被免掉。

武宗的所作所为，令朝臣们大失所望。大学士刘健及吏、户、兵三部，都察院等大臣争相劝谏，并以辞职相威胁，但武宗均置若罔闻。在宦官“八党”的教唆下，兵部尚书刘大夏，吏部尚书马文升，大学士刘健、谢迁、李东阳，户部尚书韩文先后被罢免，刘瑾则掌管了司礼监兼督团营，一时权势大张。

刘瑾专权后，武宗将朝廷政务全部委托其处理，自己则一心玩乐。正德二年（1507），在西华门另建院落，筑宫殿，造密室，勾连栉列，称“豹房”。起初武宗只是白天在此游乐，不久即夜宿于此，“群小见幸者，皆集于此”。明武宗将豹房称为“新宅”，每天招纳教坊乐工入室内服务，以后因乐工人手不及，又下令将河间诸府乐户技术精湛者全部遣送入京，教坊每日多达百人。听说回回女子肌肤洁白，美貌远胜中土女子，武宗十分羡慕。色目人锦衣卫都督同知于永知道后，立即假传圣旨，将都督吕佐家善跳西域舞蹈的回回女子召进豹房。武宗十分高兴，通宵达旦观其舞蹈欢歌。正德三年（1508），武宗又以音乐废缺，有损观瞻为由，命令礼部“选三院乐工，严督教习”，同时令各布政司，精选文艺人才送到北京，充实三院乐工。此外，武宗还尊崇佛教，于佛经梵语，无不通晓，经常在宫内顶礼事佛，并自称“大庆法王西天觉道圆明自在大定慧佛”，并铸成印章，诏旨常以“大庆法王与圣旨”名义并下。

武宗对朝政的放任和刘瑾的擅权专政，很快激化了明王朝内部固有的各种矛盾。正德五年（1510）四月宁化王朱寘鐇以诛刘瑾、清君侧为名起兵，十月河北农民刘六、刘七因不堪重赋揭竿而起。与此同时，起义于正德三年（1508）的四川农民军仍前赴后继，继续在四川、陕西、贵州三省转战。严峻的现实，逼迫武宗不得不回到朝堂。他首先派杨一清和太监张永讨伐朱寘鐇。及乱平班师，又乘势除掉了刘瑾。然后，起用被黜军政大臣，倾全力对付农民军。正德六年（1511）四川农民军大部失败。正德七年（1512）五月河北农民军亦被剿平。

地方动乱一平，武宗立刻故态复萌。首先他不顾国乏民贫，下诏增修豹房二百间。接着就在大同游击江彬的诱导下开始了新的寻欢作乐的历程。

江彬，宣府人，初为蔚州卫指挥佥事，骁勇狡黠。正德六年（1511）以大同游击身份跟随总兵官张俊入调中原，镇压刘六、刘七起义。过蓟州，杀一家20余口以冒功，因而得赏。在江淮作战时，身中三箭，其中一支射在脸上，箭镞从耳朵穿出，江彬随手拔出继续作战。正德七年（1512），边军回防过京师时，江彬通过钱宁引荐，见到了武宗。江彬身材魁伟，机警善迎，且又精骑射，善谈兵，因而颇得武宗欢心，被擢为都指挥佥事，出入豹房同卧起。钱宁见江彬骤然得宠，心中大为不平。江彬知其不相容，欲借力边防部队，因而对武宗称边军骁勇强悍远胜京军，建议互调操练。此议一出，朝廷大臣立刻连章交谏，内阁大学士李东阳疏称“十不便”，武宗皆不听，于是辽东、宣府、大同、延绥四镇兵被尽调入京师，号称“外四家”。“边卒纵横骄悍，都人苦之。”武宗还常在宫中练兵，令江彬等率兵操练骑射营阵，自己则全副武装戎服临场监督，铳炮之声不绝禁中。

此外，江彬还不时带武宗出宫，游猎近郊，“群臣谏，不听”，诸司章疏也多阻格不上。正德十二年（1517）八月，江彬多次对武宗称宣府乐工多美女，并可观边衅，免为廷臣所制。武宗于是乃微服出巡宣府。江彬在宣府营造镇国府第，把豹房所储备的珍宝美女全弄到镇国府中，并引导武宗夜入当地百姓家遍索妇女，武宗因此乐而忘返，称为“家里”。不久，武宗又由宣府至阳和，适逢鞑靼兵5万入侵，武宗兴致勃勃，督诸将力战，打退了敌人。虽然只斩敌首16级，自己付出数百人的代价，却仍以大捷报京师。武宗自称威武大将军朱寿，驻地称军门。中外事无大小，都要先报告江彬然后才能上奏。“廷臣前后切谏，悉置不省。”武宗在宣府一待4个月，直至正德十三年（1518）正月才还京。然而回京后刚刚14天，江彬又引武宗出游，并赴大同。二月因太皇太后崩，乃还京发丧。三月，武宗乘给太皇太后发丧祭陵之便，又至昌平、密云等处出巡。

正德十三年（1518）七月，因怀念“家里”，武宗托言边关多警，拟遍游塞上，称“北寇屡犯边疆，诚恐四方兵戎废弛，其辽东、宣府、大同、延绥、陕西、宁夏、甘肃，尤为要害”。还煞有其事地给自己下了一道命令：“今特令总督军务威武大将军总兵官朱寿，率六军往征。”并令内阁起草敕令。廷臣杨廷和、蒋冕、梁储、毛纪等泣谏，武宗不听，径赴宣府。不久又经大同渡黄河至榆林、绥德、偏关等处。九月，武宗加封自己为镇国公，并升赏内外官9550余人，江彬、许泰等皆封为伯。十二月抵太原，沿途大征女乐，纳守臣妻妾。正德十四年（1519）正月自太原回至宣府，命江彬提督十二团营。“帝东西游幸，历数千里，乘马腰弓矢，涉险阻，冒风雨，从者多道病，帝无倦容。”二月，武宗始还京。

回到京师以后，武宗自加太师，听江彬之言，二月二十五又谕旨南巡。诏下，“人情汹汹”。阁臣杨廷和与吏、兵、礼、工四部郎中及六科给事中、十三道御史纷纷连章进谏。武宗勃然大怒，下兵部郎中黄巩等39人于锦衣卫狱；罚修撰舒芬107人在午门下跪五日；杖黄巩等146人于阙下，先后死者11人。金吾卫都指挥佥事张英挥刀自杀以谏，被卫士夺下兵刃，虽侥幸不死，却被武宗“鞫治，杖杀之”。至此，朝臣虽被大规模弹压，但武宗、江彬也意趣全无，南巡之事遂暂作罢。

正德十四年（1519）六月，江西宁王朱宸濠反，武宗听江彬言，欲假亲征之名南巡。七月十三日传旨，“令总督军务、威武大将军、镇国公朱寿统各镇兵征剿”。大学士杨廷和等劝谏，不听。八月二十二日离京南下。到涿州，王守仁捷报至，武宗恐诸臣知道，无借口南下，乃秘而不宣。九月至临清，十一月在淮安清江浦捕鱼。十二月至扬州，强占民居为都督府，派兵满世界寻找处女、寡妇。十二月底到达南京，滞留数月。武宗随从人员十几万人，日费万金。加上江彬等乘机勒索，应天府尹齐宗道因无力供应忧惧而死。至正德十五年（1520）七月，王守仁再次报捷京师，并称“奉威武大将军方略讨平叛乱”，将平叛功劳归于武宗。八月，内阁大学士梁储等人以四方多灾为由，再次奏请武宗班师，奏疏连上八九次，武宗才答应回京。闰八月十二日离南京回师。路上因船翻落水受惊，一病不起。次年正月回到京师。正德十六年（1521）三月，死于豹房，终年31岁。

京城两皇帝，

一个坐皇帝，一个站皇帝；

一个朱皇帝，一个刘皇帝。

——〔明〕京师民谣

刘瑾擅权

刘瑾是明代擅权乱政最严重的权宦之一，陕西兴平人，本姓谈，因6岁时依刘姓太监进宫，故改姓刘。景泰年间初进宫时充任乾清宫洒扫厮役，成化时领教坊。弘治初年，因犯宫禁，被贬到茂陵管理香火。后经权宦李广引荐，转至东宫侍奉朱厚照，“以俳弄为太子所悦”。

明武宗即位后，刘瑾掌管钟鼓司，负责内宫钟、鼓及内乐、传奇、过锦、打稻等杂戏。与太监马永成、高凤、罗祥、魏彬、丘聚、谷大用、张永均因东宫旧侍而得武宗宠幸，人号“八虎”。刘瑾最狡猾狠毒，日进鹰犬、歌舞、角抵之戏，引导武宗到处微服闲逛。武宗非常满意，渐渐开始重用刘瑾，命他掌管内官监，总督团营。

外廷朝臣见武宗日事游宴，不理朝政，遂纷纷交章论劾，毫无效果。正德元年（1506）二月，内阁大学士刘健等请求退休，被优旨慰留。四月，罢吏部尚书马文升，以侍郎、阉党焦芳继任。五月，罢兵部尚书刘大夏。马文升、刘大夏均为前朝重臣，均因主张按照遗诏裁减传奉官和武臣，为武宗和刘瑾等不喜，所以他们一请求退休，就立即被批准。正德元年（1506）十月，宦官崔杲督织造，到户部要求领取12000盐引，给事中陶谐、徐昂，御史杜旲、邵清、杨仪等先后疏谏，刘健等亦力言不可。武宗于是召刘健等面议，当面诘问，刘健等毫不让步。武宗生气道："天下事难道都是宦官弄坏的吗，朝臣坏事者十常六七，先生辈亦自知之。"因此命如数批准崔杲所请。刘健等退下后，再次上奏言不可。非常令人意外的是，这次武宗竟然改变了初衷，同意了刘健等人的意见，"于是中外咸悦，以帝庶几改过"。

刘健等遂图谋乘机除掉"八党"，连章请诛之。科道言官也交论群阉罪状，接着户部尚书韩文又联合朝廷众臣合疏伏阙以上。"疏入，上警泣不食，诸阉大惧。"于是武宗派司礼监太监王岳等人齐到内阁商量处理办法，一日三至。武宗打算把刘瑾安置到南京，但刘健等却坚持杀掉他们。王岳为人刚正，同意内阁的意见。太监范亨、徐智等亦以为然。刘健、韩文等遂相约于次日伏阙力争，而吏部尚书焦芳却将消息飞报给刘瑾。刘瑾大惊，深夜率马永成等围绕着武宗哭泣，哭得武宗没了主意。刘瑾乘机说："害我们的是王岳，他勾结阁臣打算阻止皇上出宫，因此先要除掉所忌讳的人。况且养几只鹰犬能费几个钱？如果司礼监用对了人，他们哪敢如此。"武宗闻言大怒，立即命刘瑾掌司礼监，马永成掌东厂，谷大用掌西厂（西厂成化十八年罢，此时又复设），而连夜逮捕王岳、范亨、陈智，充南京净军。第二天诸臣入朝，将伏阙，发现形势大变。刘健、谢迁、李东阳见事不可为，均求去。“帝独留东阳，而令焦芳入阁，追杀岳、亨于途。”

刘瑾得势不久，即借故革去韩文的职务，杖责请求留用刘健、谢迁的给事中吕翀、刘娅及南京给事中戴铣等 6 人，以及御史薄彦徽等 15 人。为彻底清洗掉反对派，正德二年（1507）三月，刘瑾又谕令群臣跪金水桥南，宣布榜示原大学士刘健、谢迁、尚书韩文等 53 人为奸党。此外，刘瑾还令京官养病三年不赴任者，一律革职为民；不到三年者，则定期限赴京听选。“瑾知科道等官忤己者，养病避祸，故严禁锢之。”至此，“海内号正直者”被罢黜一空。刘瑾一方面排斥异己，一方面大量破格提拔附己者。焦芳因告密有功，被命以文渊阁大学士身份入阁预机务。刘宇通贿万金，被拜兵部尚书。同时“悉遣党阉分镇各边”。

为进一步擅权揽政，刘瑾多趁武宗玩得最高兴的时候请他批阅奏章，闹得武宗很不高兴，说：“我用你是干什么的，这些事用得着麻烦我吗?”由此，刘瑾遇事不再复奏，任意剖断，擅下旨意，“上多不之知也”。武宗上朝时，刘瑾站在其右方。大臣拜完武宗，即向刘瑾作揖，故人称刘瑾为“立皇帝”。刘瑾不识几个大字，每批答奏章，都拿回家，与妹夫礼部司务孙聪等商议，用词粗俗，焦芳帮忙润色，李东阳点头而已。于是，刘瑾遂权势倾天下，“公侯勋戚以下，莫敢钧礼。每私谒，相率跪拜。章奏先具红揭投瑾，号红本，然后上通政司，号白本，皆称刘太监而不名”。

为加强对臣民的监视控制，刘瑾在东、西厂之外，又设立了内行厂。“时东厂、西厂缉事人四出，道路惶惧。瑾复立内行厂，尤酷烈。”

擅权作威之外，刘瑾也干了一些实事。比如他经常派人外出查盘府库钱粮。正德二年（1507）三月，遣科道官盘查天下军民府库；十一月，遣科道官查盘天下粮储。正德三年（1508）五月，命科道官查核各边年例银，七月差科道官查盘两淮运司革支盐引。正德四年（1509）三月，命直隶巡按罗玹查盘万全、大宁二都司及所属卫所军器。这些盘查在当时都起了很大的影响。与此同时，刘瑾亦涉足盐法。他奏请免征天下户口食盐，令巡盐御史躬亲掣验；禁空文虚引；禁私夹带。此外，刘瑾还打破京官六年、外官三年考察一次的制度，准许吏部不定期考核。有司粮未完时，升迁或调动者不能离任。在举人、监生选官时，增试时务策及行移告事等。

刘瑾早期曾公开索取贿赂，“凡入觐、出使官皆有厚献”。但在他用事后期，为博取名望，听从其党羽吏部尚书张彩的建议，行为有所收敛，并惩治了一批贪官。从正德元年（1506）十月至正德四年（1509）八月，刘瑾还派人对屯田等分别进行了 10 次局部清丈。其中以正德四年（1509）八月的第 10 次清丈规模最大。这次大规模清丈边屯在某种程度上加强了朝廷对屯田的控制，也查出了一些被势要之家并吞的土地，但由于清丈人员溢额邀功，致“各边伪增屯田数百顷，悉令出租，人不聊生”。周东在宁夏清丈尤其苛刻，对官员的妻子也任意加刑，人心愤怨。指挥何锦等遂与安化王寘鐇一起以诛瑾为名，起兵反叛，“瑾祸自此始矣”。

正德五年（1510）四月，安化王朱寘鐇起兵反。武宗命右都御史杨一清、宦官张永率兵前往讨伐。杨一清知张永与刘瑾有矛盾，于是与他深相结纳，密谋除掉刘瑾。叛乱平定后，张永返京，拟于八月十五日献俘，刘瑾让其缓期，张永担心有变，于是抢先进宫。献俘仪式完毕后，武宗置酒犒劳张永，刘瑾等皆陪侍。“及夜，瑾退，永出寘鐇檄，因奏瑾不法十七事。”这时武宗已有醉意，说：“刘瑾负我。”张永道：“此不可缓。”遂连夜拘捕了刘瑾，并遣官校查封了其家，搜出衮衣、玉带、甲杖、弓弩等禁物，得金银数百万，珠玉宝玩无数。在刘瑾所持扇内又发现藏有锋利匕首两把。武宗因此大怒，在午门大会百官，下诏将刘瑾凌迟处死。其党徒吏部尚书张彩死于狱中。阁臣焦芳、刘宇、曹元而下，尚书毕彦、朱恩等共 60 余人，均被削籍为民。

百里妖氛一战清，万峰雷雨洗回兵。

未能干羽苗顽格，深愧壶浆父老迎。

莫倚谋攻为上策，还须内治是先声。

功微不愿封侯赏，但乞蠲输绝横征。

——〔明〕王阳明《回军九连山道中短述》

藩王之乱

朱寘鐇为明太祖朱元璋第16个儿子庆靖王的曾孙，他的爷爷是庆靖王的第4个儿子，永乐十九年（1421）封安化王。孝宗弘治五年（1492）朱寘鐇继承王位，就藩宁夏。朱寘鐇为人一向狂放不羁，相面的术士称看其面相日后当大富大贵，他深信不疑。巫师王九八投其所好，教鹦鹉妄言祸福，每次见到朱寘鐇，鹦鹉都叫他“老天子”，朱寘鐇因而逐渐有了非分之想。正德初年，刘瑾擅权乱政，流毒天下，朱寘鐇乘机图谋不轨。宁夏指挥周昂，千户何锦、丁广及卫学生员孙景文、孟彬、史连等均与其往来甚密。

正德五年（1510）四月，刘瑾派大理寺少卿周东清丈宁夏屯田。周东根据刘瑾意旨，以50亩为1顷，又按亩强收敛银两贿赂刘瑾，“敲扑惨酷，戍将卫卒皆愤怒”。而宁夏巡抚都御史又一向残虐，多次杖辱将士妻女，将士均恨之入骨。孙景文于是煽动朱寘鐇："殿下欲图大事，此其时矣。"朱寘鐇于是令孙景文在家设宴，邀请被辱将领丁广、杨泰等饮酒。孙景文以言辞激众怒，并称朱寘鐇为可辅之君。欲尽杀诸守臣，劫众举事。众将领正怨气冲天，听孙景文一席话，均激愤响应，说："即事不就，死无恨。"然后歃血为盟，商定了起兵计划。朱寘鐇又派人到平卤城劝说戍将及平素交好的张钦等 10 余人一起起事，"皆从之，各集众待"。当时适逢有边警，参将仇钺、副总兵杨英率兵出征。总兵官姜汉精选锐卒 60 余人为牙兵，令周昂带领。周昂遂与何锦相约起兵。四月初五，朱寘鐇设宴大会巡抚、总兵官及诸将校。巡抚安惟学、大理寺少卿周东推辞未至。何锦、周昂率牙兵直入，在宴席上杀害了姜汉及太监李增、邓广，并分兵杀害了安惟学、周东及都指挥杨忠于公署。

同时焚官府，释囚犯，撤黄河渡船于两岸。又派人招降副总兵杨英及参将仇钺，杨英部众溃散，单骑逃往灵州，仇钺伪降。召平卤城千户徐钦引兵入城，伪造印章旗牌。委任何锦为大将军，周昂、丁广为副将军。传檄各边，以诛刘瑾清君侧为名，举兵反，关中大震。

陕西总兵官曹雄闻变，立即率兵沿河堵截，派指挥黄正率兵 3000 入灵州，命杨英督灵州兵驻防黄河。又遣灵州守备史镛等渡河夺船，尽泊东岸，焚大小坝草，并派人密结仇钺，约为内应。朱寘鐇害怕了，命令何锦等出城防御，独留周昂守城，并派人召仇钺议事，仇钺称病不去。周昂前来探望，被仇钺伏兵杀死。接着，仇钺召集亲兵直奔朱寘鐇府第，击杀多人，抓住了朱寘鐇，然后假借朱寘鐇的命令，召何锦、丁广回城。何、丁部下得知朱寘鐇已被擒，一溃而散。二人单骑逃奔贺兰山，不久被擒获诛杀。至此，寘鐇之乱被平定，前后仅 18 天。

朱寘鐇反叛的消息传到北京，明武宗即派都御史杨一清、宦官张永率军前往讨伐。杨一清等至宁夏，朱寘鐇之叛已经被讨平。

朱宸濠为明太祖朱元璋第十七子朱权的五世孙。朱权洪武二十四年（1391）封宁王，二十六年（1393）就藩大宁，永乐元年（1403）徙封南昌。正统十三年（1448）朱权死，其孙朱奠培嗣位，天顺年间因违法被削夺护卫。弘治四年（1491）朱奠培死，其子朱覲钧嗣位。弘治十年朱覲钧死，朱宸濠嗣位。

朱宸濠为人志大才疏，狂妄狡黠。即位之初，术士李自然、李日芳妄言其有异表，又谓城东南有天子气。朱宸濠十分高兴。随时随地侦听朝廷事，闻谤言则喜。如果有人说皇上圣明，朝廷井然有序，就不高兴。正德二年（1507）五月，他通过贿赂刘瑾，得以恢复护卫。正德五年（1510）八月刘瑾被诛后，其护卫又被兵部奏革。正德八年（1513）十一月，其党羽陆完被任命为兵部尚书，朱宸濠勾结武宗的亲信钱宁、臧贤，想奏请皇上恢复护卫。大学士费宏坚决反对，钱宁、臧贤等人乘费宏判读廷试试卷的机会，骗取了武宗的同意，因而宁王府护卫又于正德九年（1514）三月重新恢复。护卫恢复后，朱宸濠更加恣意行事，擅自杀害了都指挥戴宣，赶走了布政使郑岳和御史范辂，囚禁了知府郑献、宋以方。肆意强夺百姓田宅女子，“养群盗，劫财江、湖间，有司不敢问”。与此同时，朱宸濠自正德九年（1514）起即自称国王，称其护卫为侍卫。改其令旨为圣旨，令臣下以朝服晋见。并派人至广东购买皮帐，做皮甲。私制刀枪、盔甲及火器。此外，他还招收江湖大盗，集纳流亡；以进贡方物为名，派亲信隐匿京中，侦听消息等。正德十年（1515）二月，朱宸濠招举人刘养正入府，密谋仿效宋太祖陈桥兵变故事，待时举事。

朱宸濠的谋反行动，自正德十年（1515）后，就不断有人告发，江西按察副使胡进宁、宁王府典宝阎顺，内官陈宣、刘良，江西巡抚都御史孙燧等先后向朝廷告发，但或因他朝中同党援手，或半路为他派人截获，始终未能送到朝廷手中。

当时，佞臣江彬与钱宁不和，太监张忠等常欲假江彬之手排挤掉钱宁，不久即寻机将朱宸濠的不轨行动密告给明武宗。东厂太监张锐起初也是朱宸濠的党徒，曾助其恢复护卫。后来当他得知朱宸濠的谋反，尤其是了解到张忠的密报一事后，乃与大学士杨廷和商议，打算重新革去朱宸濠的护卫，以免后患。碰巧御史萧淮疏奏朱宸濠谋反，江彬、张忠乘机在内与之唱和。明武宗遂于正德十四年（1519）派遣太监赖义、驸马都尉崔元、都御史颜颐寿等前往江西戒饬朱宸濠，并革其护卫。朱宸濠得到消息，遂举兵反叛。

正德十四年（1519）六月十三日，朱宸濠以庆祝自己生日为由，宴请地方诸官。第二天早晨，众官入谢，朱宸濠命卫士围住他们，称奉太后密旨，令他起兵入朝，强迫众官随从。巡抚都御史孙燧及副使许逵不从被杀，御史王金，主事马思聪、金山，参议黄宏，布政使胡廉等被下狱。参政王伦、佥事潘鹏、布政使梁宸等附从。以李士实、刘养正为左、右丞相，王纶为兵部尚书，集兵号 10 万，驰檄指斥朝廷。七月初一，朱宸濠兵出江西，亲率水军顺江而下，攻打安庆。

汀赣巡抚、佥都御史王守仁闻变，一面上书告变，一面与吉安知府伍文定急召各府州县起兵勤王。王守仁见朱宸濠倾巢出动，南昌空虚，遂避实击虚，率主力直攻南昌，七月二十日城破，守军降。朱宸濠正猛攻安庆，闻老巢被占，大为惊恐，解围救援。二十四日两军相遇于黄家渡，激战两日，朱宸濠败，退保樵舍，联舟为方阵，并尽出金宝犒赏部众。二十六日晨，明军以小船载薪，乘风纵火，朱宸濠大败，将士焚溺死者 3 万余人。朱宸濠及其世子、郡王、仪宾并李士实、刘养正等全部被活捉。朱宸濠从举事到失败，前后仅 43 天。这一事件，明史上称为“宸濠之叛”。

一雨秋凉入夜新，池边孤月倍精神。
潜鱼水底传心诀，栖鸟枝头说道真。
莫谓天机非嗜欲，须知万物本吾身。
无端礼乐纷纷议，谁与青天扫宿尘。

——〔明〕王阳明《夜坐碧霞池》

大礼议之争

正德十六年（1521）明武宗死后，因无子，生前也未立皇储，慈寿张太后与大学士杨廷和定策，以遗诏遣太监谷大用、大学士梁储、礼部尚书毛澄等往安陆，迎兴献王长子继承皇位，是为明世宗。

世宗名厚熜，乃宪宗之孙，孝宗之侄，武宗之堂弟。他的父亲兴献王朱祐杬封国于安陆。正德十四年（1519），朱祐杬死，朱厚熜以世子理国事。正德十六年（1521）袭封，时年 15 岁。

从明武宗去世到明世宗即位，大学士杨廷和总揽朝政 37 天。在这段时间里，杨廷和在慈寿张太后的支持下，罢威武团营，边军还镇，革京城内外皇店，遣散豹房番僧及教坊司乐人，放还四方进献女子，停止京师不急之务，收宣府行宫珠宝归之内库。并逮捕武宗佞臣江彬等下狱。他还借世宗登基诏书，裁汰锦衣诸卫、内监局旗校卫工役并减漕粮，一时“中外称新天子圣人，且颂廷和功”。

世宗为人颇具孝道，且个性坚强，因此虽为少年天子，但却不愿任人摆布，而欲大权独揽。正德十六年（1521）四月二十一日，朱厚熜从安陆至京师，驻扎在郊外。礼部准备按照皇太子即位举行仪式。他看着长史袁宗皋说“遗诏中是要我继皇位，不是来当皇太子的”，拒不进京。在皇太后和群臣的不断劝说下，直到这天中午，世宗才同意进城，从大明门入宫，在奉天殿即皇帝位。诏书中虽云奉皇兄遗命入奉宗祧，但世宗内心颇不以为然。因此在即位后的第5天，诏令礼官集议兴献王祀典和尊称。礼部尚书毛澄在杨廷和的授意下，会集公卿台谏60余人上议，认为应该效法汉代定陶王嗣成帝、宋代濮王之子嗣仁宗的旧例，称孝宗为皇考，兴献王及妃为皇叔父母，祭告上笺称侄署名。对这种移易父母的办法，世宗极为不满，他非常生气地说：“父母可移易乎？其再议！”大学士杨廷和、蒋冕、毛纪等多次上书申辩，礼部尚书毛澄也会集群臣再三执奏，世宗越发不高兴，命博考内礼，务求至当。

七月，观政进士张璁见廷臣奏疏几上几下，揣知世宗意，遂上书抨击廷臣之议，提出了入统不入嗣之说：“朝议谓皇上入嗣大宗，宜称孝宗皇帝为皇考，改称兴献王为皇叔父，王妃为皇叔母者，不过拘泥于汉定陶王、宋濮王旧例。”建议因时制宜，为兴献王在京师立庙，“使得隆尊亲之孝，且使母以子贵，尊与父同。则圣考不失其为父，圣母不失其为母矣”。世宗得疏大喜，高兴地说：“此论一出，吾父子必终可完也。”当即下诏，欲尊父为兴献皇帝，母为兴献皇后，杨廷和等坚持不可，封还手诏。九月，明世宗的母亲兴献王妃迎至通州，闻朝议入嗣孝宗，大怒：“安得以我子为他人子？”因此停在通州不入。世宗听说后，哭泣不止，并启奏慈寿皇太后，表示愿避位奉母回家，群臣惶惧。慈寿张太后和杨廷和不得已，乃请称兴献王为兴献帝，兴献王妃蒋氏为兴献后。蒋氏见到这个决定才同意入京。但不久杨廷和即授意吏部，调张璁为南京刑部主事，并带话说：“你好好待在南京，不要再为大礼说为难我。”十二月十一日，世宗又传谕，打算在兴献帝、后前皆加称“皇”字，杨廷和封还手敕，礼部尚书毛澄抗疏力争，又率领九卿等合谏，世宗均不纳。嘉靖元年（1522）正月，清宁宫后殿火灾，杨廷和等又乘机上言，称是因在兴献帝、后加称，祖宗神灵不安所致。于是明世宗不得已，勉强听从众议，称孝宗为皇考，慈寿张太后为圣母，兴献帝、后为本生父母，而不再加“皇”字。

在此之后，经过一年多的沉寂，以南京刑部主事桂萼、张璁为首的议礼派于嘉靖二年（1523）十一月再次发难。他们上书请改称孝宗为皇伯考，兴献帝为皇考，并录侍郎席书、员外郎方献夫二疏以闻。世宗见疏心动，又诏廷臣集议，并特旨召张璁、桂萼、席书等赴京。礼部尚书汪俊（前尚书毛澄于二年三月被免职）率群臣多次抗论无效，不得已，乃请加皇字，以全徽号。嘉靖三年（1524）二月，大学士杨廷和被罢免。三月，罢礼部尚书汪俊，以席书代之。四月，世宗追尊兴献帝为本生皇考恭穆献皇帝，上兴国太后尊号为本生皇母章圣皇太后。反对者或下诏狱拷掠，或谪官夺俸，或令驰传归家。五月，大学士蒋冕被罢。六月任命张璁、桂萼为翰林学士，以方献夫为侍读学士。

七月十二日，张璁、桂萼列举礼官欺罔十三事，且指斥为朋党。明世宗应张璁、桂萼之请，在左顺门召见群臣，宣诏去生母章圣皇太后尊号中“本生”二字，群臣惊骇不已。于是内阁詹事、翰林、给事、御史、六部、大理、行人诸司，纷纷上书反对，结果奏疏均留中不下。于是，尚书金献民、少卿徐文华乃倡言：“诸疏留中，必改孝宗为伯考，则太庙无考，正统有间矣。”吏部右侍郎何孟春说：“宪宗朝尚书姚夔率百官伏哭文华门，争慈懿皇太后葬礼，宪宗从之，此国朝故事也。”翰林修撰杨慎则鼓动说：“国家养士一百五十年，仗节死义，正在今日。”翰林编修王元正、给事中张翀等在金水桥南拦住群臣，厉声说：“万世瞻仰，在此一举。不力争者共击之！”于是九卿 23 人、翰林 22 人、给事中 21 人、御史 30 人，诸司郎官吏部 12 人、户部 36 人、礼部 12 人、兵部 20 人、刑部 27 人、工部 15 人，大理寺属 11 人，俱赴左顺门跪伏，“有大呼高皇帝、孝宗皇帝者。帝闻之，命司礼监谕退，不去。……自辰迨午”。明世宗大怒，命令锦衣卫逮马理等 134 人下狱，何孟春等 21 人及洪伊等 65 人待罪。几天后，为首学士丰熙等 8 人戍边，四品以上者夺俸四月，五品以下廷杖，每人杖 30，编修王相等16人伤重致死。自此，廷臣气短，张璁、桂萼等声势愈张。九月，明世宗遂更定大礼，称孝宗为皇伯考，慈寿张太后为皇伯母，兴献皇帝为皇考，章圣皇太后为圣母。虽然以后关于如何祭祀兴献帝之事又有几次议论，但皇考的名分自此确定。

嘉靖七年（1528）六月，明世宗颁布《明伦大典》，从制度上肯定了议大礼的成果，同时对议大礼中反对派官员进一步追夺。他在敕令中历数这一派官员的“罪过”，并做出处罚决定：“杨廷和为罪之魁，怀贪天之功，制胁君父，定策国老以自居，门生天子而视朕，法当戮市，特大宽宥，革了职，著为民。次则毛澄病故，削其生前官职。又次则蒋冕、毛纪、乔宇、汪俊，俱已致仕，各革了职，冠带闲住。林俊也革去生前职衔。何孟春官虽佐贰，而情犯特重；夏良胜虽系官属，而酿祸独深，都发原籍为民。”至此，大礼议之争才基本结束。

嘉靖初年，围绕着大礼议，明世宗和以张璁、桂萼为首的议礼派与以杨廷和等为首的护礼派前后争论了多年，在斗争的关键时刻，明世宗以血腥镇压实现了自己的主张，初步造成“威柄在御”的局面。大礼议后，议礼派官员张璁、桂萼、方献夫等先后进入内阁，参与机务，内阁权力因之上升，首辅的地位更加显赫，对嘉靖年间政局产生了深远的影响。

无端世路绕羊肠，偶以疏慵得自藏。

种竹旋添驯鹤径，买山聊起读书堂。

开窗古木萧萧籁，隐几寒花寂寂香。

莫笑野人生计少，濯缨随处有沧浪。

——〔明〕严嵩《东堂新成》

严嵩误国

除大礼议之外，对嘉靖年间政治影响至深的另一重大事件为明世宗崇奉道教。自嘉靖二年（1523）始，明世宗即于宫内建道场，日夜炼丹不绝。又命内监十余人在宫中学习经教，赏赐不断。大学士杨廷和及朝臣多次上书进谏，明世宗均不听。

嘉靖三年（1524），征召江西贵溪龙虎山上清宫道士邵元节入京，嘉靖五年（1526）封其为“真人”，总管道教。因无皇子，明世宗多次命邵元节建道场，令大臣充上番、监礼、迎嗣、引导等使，连日进香。世宗亲行初终两日礼。嘉靖十五年（1536）皇子出生后，明世宗认为是其祷祀的功劳，特拜邵元节为礼部尚书。嘉靖十八年（1539）邵元节羽化后，明世宗又宠信方士陶仲文，拜为神仙高士。嘉靖十九年（1540），进陶仲文为忠教秉一真人，掌管道教事。不久，特授少保、礼部尚书，又加少傅、少师兼三孤官，其受宠程度前所未有。嘉靖二十一年（1542），明世宗因宫女杨金英等谋杀未遂移居西苑，日事修玄，祈求长生。各地官吏为迎合明世宗，纷纷进献奇珍异物，希求封赏。诸大臣亦均以撰青词赞玄机为务，权臣严嵩就是以善撰青词而得宠。所谓“青词”，指的是道教设法事祭天神的奏章表文，一般为骈俪体，因用朱笔写在青藤纸上，故名。

严嵩，字惟中，江西分宜人。个子瘦高，眉毛稀疏，大嗓门。弘治十八年（1505）中进士，授翰林院编修。后回家养病，在钤山读书 10 年，倾力古诗文辞，清誉颇著。病愈回朝后，署南京翰林院事，召为国子监祭酒。

嘉靖七年（1528）任礼部右侍郎，奉命去湖广承天府祭告明世宗生父的陵墓。回来后报告称祭祀宝册一放到神床上，立即雨过天晴。同时发现石产枣阳、群鹳集绕、碑入汉江、河流骤涨的吉祥征兆。建议朝廷撰文刻石，以纪天眷。明世宗大悦，很痛快地答应了。严嵩也因此升任吏部左侍郎，进南京礼部尚书。嘉靖十五年（1536）调入京师礼部尚书兼翰林院学士。嘉靖十七年（1538）因议明堂大礼及尊世宗生父庙号，大得世宗欢心，加封为太子太保，享受内阁辅臣待遇。

严嵩与内阁首辅夏言是同乡，科第早于夏言，而位居其下。起初严嵩非常倚重夏言，与之相处很低调。曾经在家摆好酒席，亲到夏言家中邀请，夏言推辞不见。严嵩就在地上铺上席子，打开准备的请柬，跪着诵读。见此，夏言认为严嵩确实甘居己下，不再怀疑了。嘉靖十八年（1539），夏言与严嵩同随明世宗去湖广。世宗祭陵完毕后，严嵩又请表贺。夏言却催世宗回京，世宗很不高兴。严嵩见状，赶紧再次请示可否表贺。明世宗说："礼乐自天子出可也！令表贺。"从此，明世宗开始疏远夏言。明世宗因为信奉道教，常戴香叶冠，便命人仿制五顶小香冠，赏赐给夏言、严嵩等人，夏言以"非人臣法服"为由，不奉诏。而严嵩在明世宗召对时特意戴上，并笼以轻纱。明世宗见了，更加亲近严嵩。严嵩在世宗面前多次陈述夏言的种种不是，不久即将夏言赶出了内阁。

嘉靖二十一年（1542），严嵩以武英殿大学士入直文渊阁。时严嵩已年逾六旬，但精神矍铄，不异少壮。朝夕在西苑柏房值班，"未尝一归洗沐，帝益谓嵩勤"。并赐"忠勤敏达"银印，加太子太傅。两年后，严嵩出任首辅。

嘉靖二十四年（1545），世宗因感严嵩贪横，复命夏言入阁，出任首辅。夏言复出，独专票拟，"复盛气凌嵩，颇斥逐其党，嵩不能救"。锦衣卫都督陆炳与夏言交恶，严嵩遂与之相勾结，谋划驱逐夏言。明世宗派宦官找夏言，夏言"负气岸，奴视之"。而严嵩"必执手延坐，持金置其袖中"。于是宦官在世宗面前"争好嵩而恶言"。夏言、严嵩都以善写青词得幸，但夏言青词多为幕僚代为起草，他看都不看，经常重复进献，世宗阅后气得扔到地上。而严嵩因有宦官通报，所撰多称旨，更得世宗宠信。严嵩见夏言失宠，遂于嘉靖二十七年（1548），乘明世宗不满夏言支持三边总督曾铣复河套议之机攻之，夏言复罢，不久即与曾铣先后下狱被杀。严嵩遂第二次成为首辅，且一任 14 年。

严嵩再次成为首辅后，即大肆结党营私。当时住在西苑的明世宗一心奉道，除方士外，大臣中只有严嵩一人能见到他，“御札一日或数下，虽同列不获闻”。严嵩利用这一有利条件，遍引私人居要位，官员们也纷纷投靠严嵩。吏部文选司郎中万寀、兵部职方司郎中方祥，每逢选官，二人必持选簿到严嵩家填注，人称严嵩的“文武管家”。尚书吴鹏、欧阳必进、高耀、许论辈，均唯严嵩马首是瞻。明世宗为人英察自信，果于刑戮，但颇护己短，严嵩“以故得因事激帝怒，戕害人以成其私。张经、李天宠、王忬之死，嵩皆有力焉”。谢瑜、叶经、童汉臣、赵锦、王宗茂、何维柏、王晔、陈恺、厉汝进、徐学诗、杨继盛、周铁、吴时来等先后上书弹劾严嵩父子的大臣都受到打击报复，有的还被置于死地。此外，严嵩还大搞卖官鬻爵，贪污、受贿，吏、兵二部每次选拔 20 人，他向每人索贿数百银两后，“任自择善地，致文武将吏尽出其门”。

严嵩当权之机，正值嘉靖中期“南倭北寇”最为严重的时期，由于他排斥异己，任非其人，从而大大加剧了这一局势的严重性。嘉靖二十九年（1550）俺答大举进犯京师，明世宗召严嵩等商议。严嵩说：“此穷寇乞食耳，毋足患。”并授意兵部尚书丁汝夔：“地近丧师难掩，当令诸将勿轻战，寇饱自去。”因此，丁汝夔不敢率诸将出战，任俺答随意杀掠。敌寇退走后，明世宗要杀丁汝夔。

严嵩害怕牵连到自己，便骗丁汝夔说："有我在，不用担心。"丁汝夔直到临刑才知道为严嵩所卖。此后，终嘉靖之世，明王朝北部边界一直刀光剑影，战事连绵不绝。

自永乐十七年（1419）辽东总兵刘江大破倭寇于望海埚之后，寇患稍息。但至嘉靖中叶，倭寇重又加剧。"倭寇江南，用赵文华督察军情，大纳贿赂以遗嵩，致寇乱益甚。"赵文华认严嵩为父，做主事时因贪污受贿，被贬为州判。后通过贿赂严嵩，得重返京城，并很快升至工部侍郎。胡宗宪诱降汪直、徐海等倭寇头目后，赵文华对世宗说："臣与宗宪策，臣师嵩所授也。"严嵩因此被命兼支尚书俸禄。

严嵩的妄为，引起了越来越多的朝廷官员的反对，明世宗也有些厌烦他，而逐渐亲近徐阶。吏部尚书空缺，严嵩力主欧阳必进出任，但上任仅几个月即被撤职。赵文华忤旨被贬，严嵩也眼睁睁地看着没办法。嘉靖四十年（1561）五月，严嵩的妻子欧阳氏之死导致了严嵩的彻底失势。原来，严嵩虽然机警聪明，能预先揣摩出明世宗的意旨，然而明世宗所下的诏书，语句晦涩难懂，只有严嵩的儿子严世蕃一见了然，批答的还都符合明世宗的意旨。因此，严嵩票拟多靠儿子严世蕃。他的妻子死后，严世蕃因丧服在，无法进宫入朝房代拟，严嵩接到诏书大多无法作答，便派人拿回去问严世蕃。但当严世蕃寻欢作乐之时，多不能按时答复。宦官相继催促，严嵩不得已，只好自拟，但往往不能称旨。十一月，明世宗所居万寿宫发生火灾，严嵩请世宗暂居南城离宫。南城是英宗为太上皇时所居，明世宗因此极不高兴。内阁次相徐阶与工部尚书雷礼建议另建新宫，正中世宗下怀，马上就批准了。从此，凡是军国大事明世宗一般都咨询徐阶。问及严嵩的，不过斋醮符箓而已。方士蓝道行在世宗面前也乘机攻击严嵩，并建议除掉他。御史邹应龙一日避雨宦官家，知道了这件事，马上上书极论严嵩父子不法之事。嘉靖四十一年（1562），严嵩被勒令退休，严世蕃被充军雷州卫。嘉靖四十四年（1565），严世蕃被处死，严嵩被废黜为民。隆庆元年（1567），严嵩在孤寂中老病而死，时年 84 岁。

大将南征胆气豪，腰横秋水雁翎刀。

风吹鼍鼓山河动，电闪旌旗日月高。

天上麒麟原有种，穴中蝼蚁岂能逃。

太平待诏归来日，朕与先生解战袍。

——〔明〕朱厚熜《送毛伯温》

内忧外患

明世宗时代，初期因大礼议纠纷，廷臣党同伐异，攻讦倾轧，致政治上风波重重，政局动荡不安。之后由于明世宗一意崇道，倾心修玄，严嵩父子擅权纳贿，排除异己，使朝政颓败，军伍废弛，内忧外患纷至沓来。

首先是国内民变、兵变此伏彼起，连绵不断。世宗一朝，民众的武装起义持续时间长，初期即已发生，中后期则更为频繁；波及地区广，大部分省份都有发生；发生次数多，前后将近 50 次。其中规模较大者有嘉靖元年至三年的两广起义、嘉靖元年至二年的山东青州矿工起义、嘉靖元年至七年的山西潞城陈卿起义、嘉靖三十二年河南柘城盐徒师尚诏起义、嘉靖三十五年前后的广东陈以明起义、嘉靖四十年至四十一年的张琏起义、嘉靖四十四年至四十五年的四川大足蔡伯贯起义、嘉靖四十五年的浙赣矿工起义、嘉靖四十五年前后的广东李亚元起义和嘉靖三十五年至四十五年的赖清规起义等。

民变之外，各边地亦不断发生兵变，其规模大者，有以下四次：

大同兵变。发生于嘉靖三年（1524）八月。大同巡抚张文锦因为大同北部地势平旷，无险可守，乃在城北90里筑5堡。筑成之际，打算迁徙镇卒2500家去驻守，每堡500家，作为大同的屏障。镇卒既苦于劳役，更不愿徙戍，遂叛杀参将贾鉴和巡抚张文锦，并从狱中放出前总兵官朱振，胁立为帅。八月，世宗命山西按察使蔡天祐为右佥都御史前往大同抚谕叛兵，定而复叛。九月，户部侍郎胡瓒、都督鲁纲统军往讨，至次年二月始讨平。

大同第二次兵变。发生于嘉靖十二年（1533）十月。当时因鞑靼军屯大同塞外，总兵官李瑾为防敌骑，督镇卒挖壕，催促峻急，镇卒季富子、王宝等率数十人倡乱，杀李瑾，焚巡抚衙门。明世宗命宣大总制侍郎刘源清等率兵讨伐。叛兵据城死守，并潜出塞，诱鞑靼为助。嘉靖十三年（1534）二月，大同督饷郎中詹荣、都指挥纪振等，分化叛兵将领，擒斩兵变首领黄镇等人。兵变遂告结束。

辽东兵变。发生于嘉靖十四年（1535）三月。辽东巡抚吕经以苛虐失军心，在巡视辽阳时，被修筑边墙的叛兵幽禁。广宁、抚顺边卒闻风而起，一起哗变。巡抚御史曾铣罢吕经苛虐事，并于七月捕斩兵变发动者数十人，全辽乃定。

南京兵变。南京为御倭曾招募士兵设振武营，其官兵一向骁悍。嘉靖三十九年（1560）二月，因减少月粮，发饷逾期，遂叛杀总督粮储侍郎黄懋官，暴尸于市。守备太监何缓等，答应发饷10万金，叛兵人心稍定。次日，又答应恢复月粮原额，叛卒始散。

明中叶以来“南倭北虏”的严重局势空前加剧。所谓“南倭”是指东南沿海倭寇之侵扰。“北虏”则指北方蒙古贵族的连年进袭。

明初倭患自永乐十七年（1419）辽东望海埚大捷后，一时稍息。仁宣时期倭寇无大侵扰，英宗正统四年（1439）倭寇曾大规模侵扰浙东，肆意掠杀。自成化至正德，虽不断侵扰，但无大举。至世宗嘉靖时期，倭寇对中国沿海的侵扰又猖獗起来。嘉靖二年（1523）五月，日本诸道争贡，左京兆大夫内艺兴派僧人宗设，右京兆大夫高贡派僧人瑞佐和宋素卿先后来到宁波，互争正统长不相让。按市舶司惯例，验货和宴坐以船只入港先后为序。宗设船先到，但宋素卿贿赂市舶司太监，得以优先验发，设宴时又将瑞佐安排在上坐。宗设大为不满，遂杀瑞佐，一直追杀宋素卿至绍兴。并沿途焚掠，杀明备倭都指挥张锦、千户张镗等，浙中大震。此即所谓“争贡之役”。事后，给事中夏言上奏，称“倭患起于市舶”，明世宗于是罢市舶不设。市舶司废除以后，走私活动更为猖獗，一些奸商豪门内外勾结，东南沿海从此无宁日。

嘉靖二十六年（1547），明世宗派朱纨为浙江巡抚，提督浙闽海防军务。朱纨到任后，下令禁海，并日夜练兵，严加纠察，捕杀了通倭海盗李光头等96人。实施禁海，严重影响了当地官宦豪强的既得利益，遂群起而攻之，朱纨被逼自杀。致使一时从朝廷到地方，再无人敢言海禁之事。

由于倭患愈演愈烈，嘉靖三十一年（1552）明廷又复设巡视重臣，以都御史王忬提督军务，巡视浙江海道及兴、漳、泉等府。王忬到任后，重用参将俞大猷、汤克宽，对倭寇及海盗汪直、毛海峰等进行了多次打击，同时展开详细调查，摸清了与倭寇勾结作为内应的败类，全部逮捕入狱。从此，倭寇再不知晓中国虚实，其在海中的船只，因粮食、火药来源断绝，往往粮尽自逃。王忬又巡视沿海，诸郡邑凡是没有城墙的，分轻重缓急，先后新筑城墙30余座。一时浙人恃之无恐。嘉靖三十三年（1554），王忬调任大同巡抚。

王忬调走后，继其指挥对倭寇作战者先后有李天宠、张经、周珫、杨宜、胡宗宪等。李天宠、周珫、杨宜皆庸碌之辈，无所作为。张经有谋略，敢负责，曾于嘉靖三十四年（1555）五月大败倭寇于王江泾，被誉为“自有倭患来，此为战功第一”。但因不畏权势，为严嵩、赵文华所谗，含冤而死。胡宗宪为人趋炎附势，投身严党，为时论所不取，但因其足智多谋，故战功卓著，嘉靖三十五、三十六年共计先后诱杀了巨寇徐海、陈东、叶麻和汪直等人，倭寇余众多被迫南窜闽粤沿海，江浙倭患渐平。

倭寇南下后，福建成为倭患中心。北自福宁（今霞浦县），南至漳、泉，几乎处处有倭，沿海骚然。嘉靖四十一年（1562）戚继光入闽剿倭，在不到两个月的时间里，连克横屿、牛田、林墩等大小倭巢数十个，威名震动八闽。与此同时，广东总兵官刘显“亦屡破贼，闽宿寇几尽”。戚继光遂于八月间经福州还浙江。

戚继光还浙后，倭寇又大肆劫掠福建沿海，并攻陷了兴化城和平海卫。嘉靖四十二年（1563）四月，戚继光率部再度入闽，在平海卫之战中，与俞大猷、刘显紧密配合，消灭倭寇2000余人，并乘胜收复了兴化。至嘉靖四十三年（1564）春，戚继光全歼福建境内的倭寇。次年俞大猷亦肃清广东境内残倭。至此，猖獗数十年的倭寇基本上被平定。

自明英宗南还后，瓦剌太师也先因独揽军政，与大汗脱脱不花及阿剌知院矛盾日深，互相不断攻杀。景泰二年（1451），也先击败脱脱不花，自称“大元天圣大可汗”。但因基础不稳，人心不服，至景泰五年（1454），也先又为阿剌知院所杀。此时鞑靼势力又渐强大，其首领孛来遂率众攻杀阿剌知院，拥立脱脱不花的儿子麻儿可儿为可汗。于是瓦剌势衰，被迫西去，东部蒙古地区重新为鞑靼所控制。

当时，鞑靼各部以孛来和毛里孩部为最强。瓦剌西迁后，他们于天顺初年先后进入河套地区。河套地区三面阻黄河，土地肥沃高产。毗邻陕西榆林堡，东至山西偏头关，西至宁夏镇，东西达两千里。南至边墙，北至黄河，宽处有八九百里，窄处也有二三百里。孛来、毛里孩等部入据河套后，不久鞑靼、加里兰、孛罗忽、满都鲁等部也先后进入河套，并不断以河套为基地攻扰内地，从此，“套寇”遂成为明朝中期北部边疆的主要边患。

弘治时期，达延汗崛起，统一了蒙古各部，以河套为根据地，在弘治、正德及嘉靖前期，不断骚扰内地。达延汗死后，实权落入其子吉囊和孙子俺答手中。嘉靖二十一年（1542），吉囊死，而俺答独盛，连年不断进扰宣大、延绥、宁夏、甘凉等地。鉴于俺答的不时侵扰，总督三边兵部侍郎曾铣于嘉靖二十五年（1546）上书力主收复河套，并指出：“套贼不除，中国之祸未可量也。”但因严嵩阻挠，明世宗改变主意，曾铣以“贪功”罪名被杀。从此，朝廷文武大臣再无一人敢议复河套。嘉靖二十九年（1550）六月，俺答率部进犯大同，大同总兵仇鸾以重金贿赂俺答，请他去进攻其他地方，不要进犯大同。俺答接受了仇鸾的条件，率兵东去。八月，俺答破古北口，经通州直抵北京城下。京师震动，急集诸营兵守城，因主力部队在边地战败，留守者仅余 5 万人，这 5 万人中老弱病残就占了将近一半。明世宗见状，急忙传檄各镇兵入京勤王。京营兵从没面对过敌阵，令其出战，竟不敢向前。各地援军亦皆胆怯不敢战。而严嵩更是告诫兵部尚书丁汝夔和奉命入京勤王的大将军仇鸾“败于边可隐，败于郊不可隐。饱将自去，惟坚壁为上策”。因此，明朝 10 余万大军遂坐视俺答的军队在北京城外大掠八日，而面面相觑没敢放一箭。八月二十三日，俺答军携带抢来的妇女财物从容由古北口退走。嘉靖二十九年（1550）是庚戌年，故史称此事为“庚戌之变”。

庚戌之变后，应俺答之请，明朝曾一度在宣府、大同、延绥、宁夏开放马市，但由于俺答仍不时骚扰，马市不久即关闭。马市罢后，边患益急，嘉靖三十二年（1553）俺答又大举进犯宣大、延绥等地。迄后直至隆庆初年，俺答连年进犯，自辽东至甘肃，烽火不断，沿边遍遭劫掠。而三十七、三十八、三十九、四十二、四十三各年均侵至蓟西各地，京师曾三次戒严。明朝边防之颓败，由此可见一斑。

世宗时代外来侵略者除倭寇外，尚有来自西方的葡萄牙殖民者。新航路发现以后，最早来到东方的殖民者是葡萄牙人。正德六年（1511）葡萄牙殖民者侵占满剌加（马六甲）。正德十三年（1518）葡萄牙人率舰队到达屯门岛，广东守臣拒不接纳，遂率舰队强入内河，开向广州，铳炮之声，震动城郭。到达广州后，因葡萄牙不在明朝朝贡国之列，被广东守臣扣留，并上报朝廷。朝廷指示将其所献礼物照价收购，遣还。但葡萄牙人百般拖延，久留不去，不久买通广东镇守太监，得以入京。明武宗南巡时，葡萄牙使者火者亚三在江彬的引导下，见到了皇上，并侍奉左右，明武宗不时跟他学习葡萄牙语以为戏。其他留守在怀远驿的，掠买良民，筑室立寨，图谋长久居住。

嘉靖元年（1522）明世宗嗣位，杀火者亚三，将葡萄牙人逐出广东。第二年，葡萄牙殖民者卷土重来，侵入广东新会西草湾，被指挥柯荣、百户王应思率军击败，歼灭、俘获 70 余人，并夺取战船两艘，并将缴获的火炮命名为佛郎机。战后，葡萄牙使者被

“悉行禁止，由是番舶几绝”。后来，广东巡抚林富以粤地公私用度大多依靠商税，外国商船不来，公私支出难以为继为由，请求与葡萄牙商人重新互市贸易被批准。“自是佛郎机得入香山澳为市，而其徒又越境商于福建，往来不绝。”

嘉靖二十六年（1547），因朱纨禁海，葡萄牙人无法正常贸易，于是便武装进犯彰州月港、浯屿（今金门），被福建巡海道副使柯乔击退。嘉靖二十八年（1549），葡萄牙人又进犯诏安，在走马溪遭朱纨、柯乔合击，大败。与葡萄牙殖民者长期勾结的中国海盗李光头等96人亦被俘斩。朱纨死后，“海禁复弛，佛郎机遂纵横海上无所忌”。嘉靖三十二年（1553），葡萄牙殖民者谎称商船遭遇风暴，向明朝海运副使汪柏行贿，得以借澳门晾晒货物。随后，澳门的葡萄牙人越聚越多，“国人畏而避之，遂专为所据”。嘉靖三十六年（1557），葡萄牙殖民者又在澳门擅自扩充居地，修筑炮台，设置官吏，自行管理。但其时澳门领土主权仍属明朝，明政府每年都向葡萄牙人征收租金。

少小胡姬学汉装，满身貂锦压明珰。

金鞭骄踏桃花马，共逐单于入市场。

——〔明〕穆文熙《张家口》

俺答封贡

嘉靖四十五年（1566）十二月，明世宗去世，其第三子朱载垕即位，以次年为隆庆元年，是为明穆宗。穆宗即位后，鉴于世宗时代边事不举，将士怯战，乃锐意武事，并因势利导，适时调整了战和之策。

穆宗首先调整北部边镇镇守人选，王崇古、戚继光、谭纶等优秀将领先后被委以重任。隆庆元年（1567）十月，升王崇古为兵部右侍郎，总督陕西、延绥、宁夏军务。隆庆四年（1570）正月又改任总督山西、宣府、大同军事。隆庆元年（1567）十月，召福建总兵戚继光入京协理军政，次年被命总理蓟州、昌平、保定三镇练兵事。隆庆二年（1568）三月，升谭纶为兵部左侍郎，总督蓟州、辽东、保定军务。王、戚、谭均为抗倭名将，战功卓著。其上任伊始，就整修边墙，积极练兵，经数年经营，边防大备。

其次，整顿军纪，严惩渎职将吏。隆庆元年（1567）五月，俺答兵犯大同，陷石州，掠交、汾，骚扰二十余日，山西骚动。

但明朝官兵畏敌如虎，无一人主动出击。明穆宗知道后震怒不已，下诏将山西总督、巡抚、镇守将全部革职，逮捕诸将至京听候处理。从此，将士始知畏法。

与此同时，穆宗君臣对蒙古贵族实行分化政策，利用把汉那吉事件，最终促使了“俺答封贡”和平局面的到来。把汉那吉为俺答第三子铁背台吉之子，幼孤，由俺答妻抚养成人，长大后，娶俺答女婿比吉之女为妻。因二人不合，复聘兔扯金之女。当时俺答长女哑不害之女三娘子已接受袄儿都司聘礼。俺答见三娘子容貌艳丽，乃夺为己有。袄儿闻讯大怒，准备起兵攻打俺答。俺答无奈，只好将把汉那吉所聘兔扯金的三女转嫁袄儿都司。把汉那吉愤怒至极，言：“我祖妻外孙，又夺孙妇与人。吾不能为若孙，吾行矣。”遂于隆庆四年（1570）率其属降明，大同巡抚方逢时接纳了把汉那吉，并报总督王崇古。王崇古上书朝廷，认为把汉那吉来降，非一般拥众内附可比，应封官赐赏。王崇古的奏疏在朝廷引起了争论，但得到了大学士高拱、张居正的大力支持，因而其建议遂被穆宗批准，下诏封把汉那吉为指挥使，并赐绯衣一袭。

当时俺答正率兵西掠吐蕃，闻讯急引兵还，拥众 10 万压境，索要把汉那吉。王崇古派译者鲍崇德前往俺答军中，说朝廷对待把汉那吉非常优厚，只要俺答将叛徒赵全等人送交明军，“旦送至，把汉即夕返矣”。俺答派人打探，见把汉那吉果然“蟒衣貂帽，驰马从容”，大喜，遂遣使随鲍崇德到明朝乞封，并请互市。隆庆四年（1570）十二月，俺答将赵全等缚送明朝，王崇古乃以帝令遣把汉那吉归，“把汉犹恋恋，感泣再拜去”。

把汉那吉返回后，俺答与老把都、吉能、永邵卜诸部各遣使来谢，并“请通贡开市，以息边氓”。王崇古亦再次上书，力主封贡、互市，并提出了具体实施意见。穆宗接疏，诏令群臣廷议。定国公徐文璧、吏部侍郎张罗等 22 人赞同王崇古的意见，英国公张溶、户部尚书张守直等 17 人则坚决反对。工部尚书朱衡等 5 人则认为封贡可以，但互市不便。在高拱、张居正的努力下，明穆宗最终接受了王崇古的意见，隆庆五年（1571）三月，诏封俺答为顺义王，赐红蟒衣一袭。其余蒙古诸首领，也分别被封为都督同知、指挥同知、指挥佥事、正千户、副千户、百户等职。同时定市令，开关互市。六月，“套寇”吉能（俺答之侄）也请求通贡互市，穆宗封吉能为都督同知，并在红山墩和清水营开市贸易。从此，俺答“约束诸部无入犯，岁来贡市，西塞以宁”。

万历十年（1582）俺答死，其子黄台吉袭封为顺义王，改名乞庆哈。万历十四年（1586），黄台吉死，其子扯力克袭位。俺答的妻子三娘子，先后“历配三王，主兵柄，为中国守边保塞，众畏服之”。万历十五年（1587），明朝封其为“忠顺夫人”。此后直到明末，明朝政府与北方蒙古诸部除偶有小规模武装冲突外，基本上维持着和平互市关系。

“俺答封贡”基本上结束了明朝与北方蒙古诸部近两个世纪的武装冲突局面。从此，“东起延永，西抵嘉峪七镇，数千里军民乐业，不用兵革，岁省费什七”。对万历初年国力的舒缓起了重要作用。

君子谋国，而小人谋身。谋国者，先忧天下；谋己者，先利自身。

盖智者所图者远，所谋者深。惟其深远，方能顺天应人。

——〔明〕张居正《权谋残卷》

张居正改革

张居正（1525—1582），明代著名政治家，字叔太，号太岳，江陵人。幼年聪颖绝伦，12 岁成秀才，16 岁中举，嘉靖二十六年（1547）23 岁时中进士，选为庶吉士，授翰林院编修。关心时政，熟悉国家典章，颇得内阁大臣徐阶等人的器重。嘉靖三十三年因病辞官回家，闭门读书。

嘉靖三十六年（1557），张居正还京。嘉靖三十八年（1559），张居正由翰林院编修晋升为右春坛右中丞兼国子监司业。徐阶代替严嵩为首辅后，把张居正引为心腹。明世宗死后，其遗诏就是徐阶与张居正共同商量后起草的。隆庆元年（1567）二月，张居正升任吏部左侍郎兼东阁大学士，与穆宗做太子时的讲官陈以勤一起入阁。不久又充任《世宗实录》总裁，进礼部尚书兼武英殿大学士。隆庆二年（1568）七月徐阶退休以后，李春芳为首辅。不久，阁臣李春芳、陈以勤、赵贞吉、殷士儋先后被弹劾离职，内阁中只剩张居正与高拱两人，两人关系非常密切，高拱主封俺答，张居正大力赞同，并授王崇古等方略。这种政治同盟维持不久，张居正与高拱也发生了矛盾。徐阶离任以后，他的三个儿子与张居正来往密切。而高拱因深恨徐阶，令科道官弹劾不已，致使徐阶的儿子先后获罪入狱。张居正为其讲情，而高拱的门客却指称张居正接受了徐家的贿赂，高拱以言辞讥讽张居正。张居正勃然变色，指天发誓，苦苦申辩。高拱虽表示了歉意，但两人的关系从此疏离。为增强自己的力量，张居正与和高拱有矛盾的司礼监宦官冯保深相结纳，密谋取代高拱。

冯保，深州人，嘉靖中已为司礼监秉笔太监。隆庆初年，司礼监掌印太监空缺，按资历当属冯保。但高拱却推荐了御用监太监陈洪。陈洪之后，又推荐尚膳监太监孟冲。冯保因此与高拱结怨。隆庆六年（1572）六月，明神宗即位后，冯保结两宫太后赶走了高拱，张居正遂代高拱为首辅。七月，尊穆宗陈皇后为仁圣皇太后，神宗生母李贵妃为慈圣皇太后。按明廷旧制，新皇帝即位，皇后与皇帝生母并称皇太后，而徽号有别。冯保为讨好李贵妃，劝张居正两后并尊，张居正同意了。尊号一定，慈圣皇太后即住到乾清宫，照顾年幼的明神宗，内任冯保，外倚张居正。

张居正大权独揽以后，随即针对嘉隆以来的社会实际，实行了一系列改革。

目睹嘉隆以来“纪纲不肃，法度不行，上下务为姑息，百事悉以委徇”的颓败政局，张居正认为其症结在于吏治腐败。为此，他于万历元年（1573）颁布实施“考成法”，以加强对各级官员进行监督考察。所谓“考成法”，就是对官吏的定期逐级考察制度。其考察标准是“惟以安静宜民者为最，其沿袭旧套虚心矫饰者，虽浮誉素隆，亦列下考”。方式为逐级考核，“抚按以此核属官之贤否，吏部以此别抚按之品流，朝廷以此观吏部之藻鉴”。具体方法是：六部、都察院把应办事情酌量道路远近、事情缓急，定期限，立文簿，月终注销。同时另造文簿两册，一送六科注销，一送内阁查考。“抚、按奉行不力者，六部举之；六部欺蔽者，科臣举之；六科违制，内阁纠之。”这种逐级负责、层层考察制度的推行，保证了朝廷政令的贯彻执行，提高了行政效率。

与此同时，张居正还大力精简机构，裁汰冗官。在用人上，不拘一格，唯才是举。对贪官污吏则坚决惩处，毫不留情。经过这阵疾风暴雨式的整顿，官吏“自是，一切不敢饰非，政体为肃”。朝廷政令“虽万里外，朝下而夕奉行”。

明自中叶以后，由于一方面贵族、官僚、地主大肆兼并土地却大量隐瞒实际数目，拒不纳税，另一方面广大农民却产去税存，因而导致赋役负担严重不均，社会矛盾尖锐。同时，政府赋税征收日益困难，财政日益危机。为解决这一矛盾，张居正于万历六年（1578）下令清丈全国土地。凡庄田、民田、职田、荡地、牧地，通行丈量，限三年完成。清丈结果比弘治时期多出 300 万顷。其中仅隐占田地即被查出 80 多万顷。

在清丈土地的基础上，张居正于万历九年（1581）下令在全国推行“一条鞭法”。“一条鞭法”，又称“条鞭法”。其具体内容大致如下：

1. 赋役合并。把原来的田赋、徭役以及土贡方物合并为一。徭役一律征银，取消力役，改为招募，役银不再根据户、丁征收，而由人丁和地亩分担，即把丁役部分地摊到土地里征收。

2. 田赋一律征银。除苏、松、嘉、湖地区继续征收粮食外，其余地区田赋一律征银。

3. 计算赋役数额以县为单位。所谓：“总括一州县之赋役，量地计丁。”

4. 赋役银由地方官直接征收。原来田赋纳粮，笨重难运，官府需要里长、粮长协助征收管理。赋役征银，交纳、运输方便，因此改由地方官直接征收。

“一条鞭法”的推行，是对唐以来赋役制度的一大改革。它在一定程度上抑制了豪强漏税，缓解了赋役不均。同时，也扭转了国家财政的困难局面。嘉靖时期，太仓所储，不敷一年使用。“一条鞭法”推行以后，则足支九年。此外，赋税折银，使部分农产品必须投入市场。徭役征银，亦使政府对农民的人身控制相对松弛。这些都给当时商品经济进一步发展注入了动力。

除此以外，张居正于万历三年（1575）整顿了府、州、县学，核减生员，黜革泼皮学霸，并大力整顿提学官和儒学教官。他还整顿了驿递制度，重新制定驿站条例，限制用驿范围，降低供给标准；改革了宗藩条例，控制贵族特权。对边防军备，张居正也极为重视。隆庆时期，他支持王崇古“俺答封贡”。万历初年，俺答封贡以后，明王朝北部边防大部分地区维持和平。只有小王子部众10余万，在辽东因为不获通互市，多次骚扰。张居正用李成梁镇辽东，戚继光镇蓟门。李成梁力战却敌，而戚继光守备完整。张居正均全力支持他们，致边境晏然，一片祥和。

伴随着巨大的政治成就，张居正威权日重。他因为御史在外，往往盛气凌人欺压各省抚臣，急欲改变这种现状。有一点小事不合己意，即加以严厉批评，并命令其所在部门长官严加考察。给事中余懋学上书请行宽大之政，张居正认为是讽刺自己，将其罢官免职。御史傅应桢接着上书，言辞稍微激烈了一些，竟被下诏狱，杖死。御史刘台巡按辽东，误奏捷报，张居正按惯例加以处罚。刘台不服，抗章论张居正专恣不法，张居正大怒，将其贬戍远边。“由是，诸给事御史益畏居正，而心不平。”当时，两宫太后因神宗年幼非常尊敬张居正，内阁同僚吕调阳凡事不敢有异议。吏部左侍郎张四维进入内阁以后，“恂恂若属吏，不敢以僚自处”。

万历五年（1577）九月，张居正父亲去世，按惯例他要回原籍守制三年。但因皇上年幼，政务繁忙，户部侍郎李幼孜奏请张居正续职留住，即所谓“夺情”。在太监冯保的支持下，被神宗批准。消息传开，张居正的政治反对派一拥而上，纷纷上书说“夺情”违背“伦理纲常”，万万不可，一时人情汹汹，各种诽谤文书贴满了大街。闹得明神宗不得不出面干预，称再言此事者杀无赦，议论乃平。张居正自“夺情”事件后，行事更加偏执，升迁黜陟，多由爱憎，致“左右用事之人多通贿赂”。世人因此“益恶之”。与此同时，明神宗随着年龄的增长，对张居正迹似专擅的行为逐渐不满。万历八年（1580），明神宗酒后与小太监们戏闹，欲斩太监。冯保得知，奏请慈圣皇太后逮捕了其领头者乾清宫内监孙海、客用，廷杖后驱逐出宫。张居正借机将太监中有恶名或杀或逐，并令以司礼监为首的太监们自陈错误，由皇上裁定去留。明神宗迫于太后压力，虽不得已答应了，但内心很讨厌冯保、张居正的这种做法。神宗所宠幸的宦官张诚，因与冯保不和被贬斥宫外，神宗将计就计，让他秘密收集冯保和张居正的各种材料。

万历十年（1582）六月二十日，张居正因病去世。在张居正当权时期受到打击和冷落的官员纷纷乘机上书弹劾张居正。十二月，冯保被谪奉御，贬至南京。二月后，冯保死，神宗下令抄了他的家。次年三月，神宗又下诏追夺张居正官秩，并命令太监张诚等率人籍没其家财。史载：“诚等将至，荆州守令先期录人口，锢其门，子女多遁避空室中。比门启，饿死者十余辈。”报复之残酷，令人扼腕。

一事之请，难于拔山；

一疏之行，旷然经岁。

——〔明〕叶向高

万历怠荒

明朝国力的衰退始于正德，至嘉靖时期进一步加剧。隆庆和万历初期，因能臣执政，厉行革新，政治上一时颇有起色，国力也有所增强。张居正死后，因明神宗长期怠荒，朝政不举，国力进一步衰退。

万历十年（1582），明神宗亲政以后，曾一度颇思振作，不仅勤于政事，且还比较重视生产，关心民事。对臣下的批评也能在一定程度上接受。然而好景不长，自万历十四年以后，他便以种种借口拒不视朝，开始了长期怠政。

万历十四年（1586）九月，明神宗以生病为由，连日免朝。十月，礼部主事卢洪春上书对神宗长期不视朝提出疑问，被责以悖妄，贬为民。直至十一月神宗才出宫，在天坛祭祀天地，回来后在皇极殿接受百官朝贺。但可惜的是这只是昙花一现，此后，明神宗便一发不可收拾，怠政现象日甚一日。

首先是停止经筵日讲。自万历十四年（1586）九月以后，明神宗便一直对经筵日讲不感兴趣："每遇讲期多传免。"万历十六年（1588）闰六月，神宗以肝火旺盛，头眩目烦为由传谕内阁罢经筵日讲，为免朝臣责难，他称："奏进讲章，可不拘日期，每日写进，以备温览，待秋凉朕疾稍愈，仍赴讲筵。"首辅申时行为迎合神宗意旨，同意了这种以进讲章代替君臣当面讲习的办法。从此以后形成惯例，经筵被正式废止。

其次为不见大臣。万历十四年（1586）九月以后，神宗常借口有病，不愿上朝视事。万历十六年（1588）闰六月，御史潘士藻即上书指责神宗不亲近大臣，"召对之典久旷"。万历十七年（1589）元旦，因发生日食，免朝。从此，每年元旦神宗都不再视朝了。三月，免升授官面谢，从此视朝更加稀少。四月，大学士王家屏被复召入阁，三个月未能见上神宗一面。万历十八年（1590），王家屏抱怨，"统计臣一岁间，仅两觐天颜而已。"大抵自万历二十年（1592）以后，明神宗即一直晏处深宫，不再上朝。

再次为章奏留中不发。所谓留中，是指对臣下奏疏不进行批答，留在宫中不发。奏疏留中引起关注始于万历十五年（1587），这年十月，内阁曾奏请神宗"将御前见在章奏，即赐裁发"。之后至万历十七年（1589），留中现象已十分严重，上奏之疏，十留六七。同年年底，大理评事雒于仁上酒色财气四箴，批评明神宗嗜酒、恋色、贪财、尚气。疏入，神宗大怒，于万历十八年（1590）元月召见首辅申时行，声言将重惩雒于仁。申时行请勿下其章，而劝雒于仁自己辞职。从此，章奏留中遂成为惯例。章奏批答是明朝皇帝处理政务最主要的方式，明神宗将奏疏大量留中，则朝廷事务很多都得不到及时处理。万历三十七年（1609），大学士叶向高曾为此慨叹：“一事之请，难于拔山；一疏之行，旷然经岁。”

明神宗不仅自己不理朝政，而且对朝廷内外缺官亦不补。万历二十四年（1596），吏部尚书孙丕扬以廷推（朝臣推举内阁大学士、六部长官和地方督抚制度）、行取（选拔地方推官、知县到朝中任科道官制度）、年例（给事中、御史等官改任他职制度）停止数月，奏请神宗将近日推补官员章疏简发，有不合适的指出来，他们好别推酌补，疏入不报。史载，万历二十四年吏、户、礼、兵、刑、工六科中“止有掌科一人，署印五人”，而十三道监察御史中竟然“无一人主印”。对此，明神宗不仅无动于衷，而且故意放纵，“帝自以海宇承平，官不必备，有意减损”。故而，缺官问题不仅没得到解决，而且日趋严重，导致政府机构几乎瘫痪。

据《明神宗实录》载，万历二十九年（1601），全国布政司和提刑按察司缺员70余人，知府缺22员，加上“迁转未到”及“奉差未还”者，全国在职官员和缺官正好各半。万历三十一年（1603），两京部院大臣缺20余人，各省直司道府等官缺90多人。万历三十七年（1609），吏、礼二部无人管事，尚书、侍郎均无；兵部有尚书一人，但养病不出。“户、刑、工三部暨都察院堂上官，俱以人言注籍，通政大理亦无见官……九卿俱旷。”万历四十一年（1613），两京尚书缺5人，左右侍郎缺9人，都御史缺2人，副佥都御史缺2人，仓场、戎政及卿寺京堂缺官10余人，总督巡抚缺 4 人。“一时公卿大夫，比于晨星。”至神宗去世时，阁臣只有 1 人，刑、工、礼三部均由他官兼掌。“职业尽弛，上下解体。”

因缺官严重，为处理有关政务，常由他官兼理，但效果并不理想。御史王以时曾指出：“布政司、提刑按察司等官职掌，各有不同。每遇缺员，则其长官必择近便者一人，使之摄理，职钱谷而摄军屯，职兵戎而摄盐马。长期任职尚未必能熟悉，一朝一夕怎么可能旁通?”因此，导致“舞文者乘此弄其机械，玩法者借以恣其侵渔”。公文往来，诉讼断案，近数十里，远者数百里，乃至千余里；道路奔波，既耗费时日，又开支浩大，导致老百姓有的卖儿卖女而事尚未完，有的死于沟洫而冤无处可诉。很明显，兼理方式误事病民，得不偿失。

明神宗怠政时间之长，程度之严重在明代皇帝中是前所未有的。由于他长期不理政务，政府“曹署多空”，加之党派纷争，宦官横行，致政治混乱腐败已极，国力衰弱殆尽，明王朝已无可避免地走上了灭亡之途。

穷天际地，搜刮靡遗，由公逮私，那移殆遍，或借之赎锾，或扣之各役工食，上下交征，官民并困。

——〔明〕吴道南

矿监税使

明神宗怠于临政，却勇于敛财。其敛财手段除向国库传索外，便是派出矿监税使，直接掠夺于民。

矿监的派出，最早始于永乐年间。永乐十五年（1417），太监王房等曾督民夫6000人于辽东黑山淘金。同年，又命宦官在广西南丹采金矿。以后景泰、天顺、弘治、正德、嘉靖等朝时开时停，但均未造成大的危害。矿监之到处为害，主要在万历年间。

明神宗亲政后，即不断有人奏请开矿，但因遭大学士申时行等反对而未成。万历二十年（1592），用兵宁夏，耗银200余万两。同年冬，出兵朝鲜，前后八年，耗帑金700余万两。万历二十七年（1599），用兵播州，又费帑金二三百万两。三大征伐接踵而至，国库耗费殆尽。再加上万历二十四年（1596），乾清、坤宁两宫火灾；万历二十五年（1597），皇极、建极、中极三殿又火灾。营建乏资，户部无计可施，矿税由此大兴。万历二十四年（1596），太监王虎被派同户部郎中戴绍科等于真定、保定、蓟州、永平等处开采样砂进览。随着第一个矿监的派出，诸“言矿者争走阙下，帝即命中官与其人偕往，天下在在有之”。据《明史·食货志》记载，派出的矿监几遍天下：昌平为王忠，真、保、蓟、永、房山、蔚州为王虎，昌黎为田进，河南开封、彰德、卫辉、怀庆、叶县、信阳为鲁坤，山东济南、青州、济宁、沂州、滕、费、蓬莱、福山、栖霞、招远、文登为陈增，山西太原、平阳、潞安为张忠，南直隶宁国、池州为郝隆、刘朝用，湖广德安为陈奉，浙江杭、严、金、衢、孝丰、诸暨为曹金，陕西西安为赵鉴、赵钦，四川为丘乘云，辽东为高淮，广东为李敬，广西为沈永寿，江西为潘相，福建为高寀，云南为杨荣。

明初，工商税收由税课司局（掌市场商税）、抽分场（掌竹木柴薪税）和河泊所（掌渔税）掌管，商税品种简约，税率较低，为三十税一。五谷、农器、书籍、纸札、军民嫁娶丧祭之物，舟车丝布等，都不抽税。宦官管理税务，滥觞于成化初年掌管抽分场。正德时期，各地税务已普遍由宦官管理。嘉靖初年，“抽分中官及江西、福建、广东税课司局多所裁革，又革真定诸府抽印木植中官”。至万历年间，明神宗不仅全部恢复了世宗所裁，而且在正常税务机构之外，大量派出宦官充当税使，肆意税课。万历二十四年（1596），命宦官张晔征税通州张家湾，不久又命宦官王朝督征天津店租。“自是二、三年间，税使四出。”其人员具体派置为，高寀到京口，暨禄到仪真，刘成到浙江，李凤到广州，陈奉到荆州，马堂到临清，陈增到东昌，孙隆到苏、杭，鲁坤到河南，孙朝到山西，丘乘云到四川，梁永到陕西，李道到湖口，王忠到密云，张晔到卢沟桥，沈水寿到广西。

矿监税使派出之后，即以贡献皇帝为名，强取豪夺。税使为多刮钱财，到处用地痞流氓为爪牙，水陆每数十里，即树旗建厂。南直隶长江水道，一天的行程要经过五六个税卡。仪真到京口，一江之隔，要交两次税。同时肆意增加课税名目，天津有店租，广州有珠榷，两淮有盐税，浙江有市舶，成都有盐茶，重庆有名木，湖口、长沙有船税，荆州有店税，宝坻有鱼苇以及门摊商税、油布杂税，等等。万历四十五年（1617），大学士吴道南曾慨叹说："穷天际地，搜刮靡遗，由公逮私，那移殆遍，或借之赎锾，或扣之各役工食，上下交征，官民并困。"

矿监为害，比税使更甚。矿监派出时均配备关防，创设中使衙门，"大抵中使一员，其从可百人；分遣官不下十人，此十人各须百人"。这些随员又多在地方网罗地痞无赖充当打手，任指良田、美宅、坟墓为矿穴，进行抄家毁屋，挖墓盗葬。陈增在山东强令有铅矿无银矿的益都县（今青州市）纳银。高淮在辽东逼迫地方交纳矿税银3万两，地方官员被迫从官俸、民房、屯田、地亩和吏丞班银、各衙门公费中通融酌扣。"犹且不足，又令民除正差外，每名征银或一两或二两。"河南巡抚姚思仁曾上书极论矿监之害，他讲开采之弊有八："矿盗哨聚，易于召乱，一也。矿头累极，势成土崩，二也。矿夫残害，逼迫流亡，三也。雇民粮缺，饥饿嗥呼，四也。矿洞遍开，无益浪费，五也。矿砂银少，强科民买，六也。民皆开矿，农桑失业，七也。奏官强横，淫刑激变，八也。今矿头以赔累死，平民以逼买死，矿夫以倾轧死，以争斗死。及今不止，虽倾府库之藏，竭天下之力，亦无济于存亡矣。”

矿监税使为害时间很长，前后共 24 年，直到明神宗去世时才遗诏罢止。其敲骨吸髓般的超经济强制掠夺，极为沉重地打击了城镇商业和手工业。经济上，据统计，当时矿监税使每年向宫廷内库进奉的白银约 170 万两。由于进奉白银只占矿监税使实际掠夺钱财总额的 1/10，这样他们每年实际掠夺的钱财数就为白银 1710 万两，高出当时全国每年赋税总数将近 300 万两。在这种苛重的税收下，商人、工场主及手工业者无法生存，纷纷破产。史载：河西务关布店由 160 余家降至 30 多家；临清 32 家缎店闭门 21 家，73 家布店闭门 45 家，杂货店闭门 41 家。徐州地处交通要道，一向商贾辐辏，号称殷富，但“自利珰四出榷税以来，非借事重罚，以倾其囊，则逞威严刑，以毙其命，流亡展转，负贩稀踪”。苏州本为明朝丝织业手工作坊最集中的地区，但经税使“榷征”以后，“吴中之转贩日稀，织户之机张日减”。商业和手工业的日益萧条，导致了整个社会经济的严重萎缩，百姓被迫“流离转徙，卖子抛妻，哭泣道路，萧条陌巷”，从而激起了一系列声势浩大的民变和兵变。

从万历二十七年（1599）至四十二年（1614），全国各地先后发生民变、兵变数十次，其中规模较大者有万历二十七年四月的临清民变、万历二十七年十二月和万历二十九年三月的两次湖广民变、万历二十九年六月的苏州民变以及万历三十六年的辽东民变和兵变等。这些民变和兵变，参加阶层广泛，有商人、作坊主、手工业者、小商贩，也有生员、乡官，乃至部分宗室成员和地方官员，还有士兵和军官。有些民变是由商人、作坊主、手工业者和小商贩为主发起。这种情况表明，当时商品经济的繁荣与发展已给明代政治生活带来了某种程度的影响。

月黑雁飞高，单于夜遁逃。

欲将轻骑逐，大雪满弓刀。

——〔唐〕卢纶《塞下曲》

万历三大征

平定哱拜的宁夏之役、援朝抗倭的朝鲜之役和讨伐杨应龙的播州之役，明史称为“万历三大征”。

宁夏之役　哱拜，蒙古鞑靼人。嘉靖中期，因得罪其酋长，父兄皆被杀。哱拜躲在水草中幸免于难，后投靠明边将守备郑印。由于骁勇善战，屡立战功，逐步提升为都指挥。万历十七年（1589），哱拜因年老，以副总兵身份退休，他的儿子哱承恩袭位。

万历十九年（1591），临洮（今甘肃岷县）、河州（今甘肃临夏）蒙古部落举兵反。明神宗知道后，当即派科臣巡视九边。尚宝丞周弘禴以御史身份巡宁夏，向朝廷举荐哱承恩及指挥土文秀。二月，经略郑洛传檄调宁夏兵参加平叛，巡抚党馨便派土文秀率千骑西援。哱拜得知，吃惊地说：“文秀虽经战阵，恐不能独将。”于是他找到郑洛，表示愿意率所部 3000 人和儿子哱承恩随征，郑洛答应了。但巡抚党馨对哱拜的自荐行为极为不满，有毛病的战马不给更换，有多余的军马也不给哱拜，哱拜怏怏不乐地率军出征了。哱拜率部至金城（今甘肃兰州），见诸镇官兵战斗力均不如自己。叛乱平定后，哱拜经塞外回军时，敌骑知道是他的部队，都远远地避开。哱拜“遂有轻中外心，恣睢骄横”。而宁夏巡抚党馨则遇事总压制他，并欲弹劾其冒领军粮罪。哱承恩强娶民女为妾，被党馨鞭杖二十。哱拜的义子哱云、土文秀也因升职事对党馨怨气十足。正在这时，宁夏镇兵因冬衣、月粮长久不发，找党馨申诉遭拒绝，“群哄不可制”，于是哱拜等遂乘机唆使军锋刘东旸率众作乱。

万历二十年（1592）二月，刘东旸率兵杀巡抚党馨和副使石继芳，哱云、土文秀杀游击梁琦和守备马承光，纵火焚公署，收符印，释囚犯，大掠城中。总兵官张维忠被逼自缢。之后，刘东旸自称总兵，封哱承恩、许朝为左右副总兵，土文秀、哱云为左、右参将，听哱拜指挥，歃血而盟。誓师后，他们即举兵东向，先后攻占玉泉营、中卫、广武等地，并联络河套蒙古部落，打算渡河攻取灵州，全陕震动。总督魏学曾闻变，立即派部将张云、郜宠前去劝降，刘东旸骄横地称：“要我投降，就必须满足自署授官，世守宁夏的条件。否则，我们就与河套蒙古骑兵一起直奔潼关。”

魏学曾见劝降无效，就一面驰告朝廷，一面令副总兵李昫率军赴灵州，游击赵武赴鸣沙洲，沿着黄河布防阻敌南渡。而自己率部驻扎花马池，以隔断叛军与河套蒙古部落的联络。三月，李昫分兵渡河，先后收复河西 47 堡，哱拜等退入宁夏镇城，魏学曾、李昫围攻两月不克。六月，提督李如松率辽东、宣大、山西援兵至。都御史叶梦熊亦从甘州携神炮火器四百车前来助战。七月，叶梦熊代替魏学曾为总督，放水淹城，并指挥部队经两月苦战，尽逐河套蒙古部落出塞，断绝了哱拜的外援。九月三日，浙江援兵和苗兵、庄浪兵先后到达。四日，叶梦熊指挥全军总攻。十七日宁夏镇城破，哱承恩诱杀刘东旸、土文秀、许朝等投降，哱拜自缢身亡。自此，哱拜之叛平。

朝鲜之役　日本在16世纪中叶，除时常寇掠明朝沿海外，亦不断侵扰朝鲜。朝鲜迫不得已，便派兵肃清了其根据地对马岛。嗣后，日本又要求与朝鲜通商，但遭严格限制。万历初年，丰臣秀吉平定各部诸侯，统一了日本后，即积极整顿内政，准备侵朝战争。万历二十年（1592）一月，丰臣秀吉正式发布命令出征朝鲜。四月，小西行长、加藤清正率18万日军在朝鲜釜山登陆，王京（今首尔）、开城、平壤先后陷落，朝鲜王子被俘。朝鲜国王李昖逃到义州，遣使向明朝告急，请求出兵援助。明政府得到告急后，“廷议以朝鲜属国，为我藩篱，必争之地”，决定立即派兵援朝。

七月，明前锋游击史儒和副总兵祖承训部在平壤战败，全军覆没。史儒战死，祖承训只身逃回。败报传来，明廷大为震动，当即派宋应昌为经略，李如松为东征提督，前去支援。十二月二十五日，李如松率4万余人，誓师东渡。次年一月六日，抵达平壤城外。八日，李如松指挥攻城，经血战，歼敌数千，收复平壤。

十九日收复开城，黄海、平安、京畿、江原四道一并光复。日军被迫退守汉城。明军在取得连胜之后，有了轻敌之心。二十七日，李如松率轻骑赶往碧蹄馆，在离汉城30里处，突遭日军包围，虽苦战突围，但“我精锐亦多丧失，过桥者尽死”。李如松遂退驻开城。

碧蹄之战后，明军与日军长期对峙。“因师久顿绝域，应昌、如松急欲休息，而倭亦草粮并绝，且惩平壤之败，有归志。”于是宋应昌经朝廷批准后，派人与日军议和。四月十八日，日军撤出汉城，退据釜山。而明军亦不追击，只留刘綎部驻守，大军于十二月班师。

和谈罢兵后，丰臣秀吉一面令釜山日军久驻，一面重新整顿军备，准备再战。万历二十五年（1597）正月，丰臣秀吉出动14万军队，第二次侵朝。明朝政府亦派兵部尚书邢玠为总督，佥都御史杨镐为经略，麻贵为提督，率大军再次赴朝抗日。明军在朝鲜军队的紧密配合下，经一年多艰苦作战，于万历二十六年（1598）十一月将日军全部赶出朝鲜，取得了抗倭战争的最后胜利。

播州之役　杨应龙为明播州宣慰司宣慰使。播州（今贵州省遵义市）自唐乾符三年（876）起就由杨氏盘踞，历宋、元均授世官，到明朝也沿袭了下来。其地域广袤，介于四川、贵州两省间。辖黄平、草塘二安抚司，真州、播州、余庆、白泥、容山、重庆六长官司，有田、张、袁、卢、谭、罗、吴七姓，均世袭土官。隆庆六年（1572），杨应龙袭任播州宣慰使。在随明政府军征讨叛贼时勇敢善战，杀敌无数。杨应龙也因此发现蜀兵弱，朝廷每遇征伐，只调土司兵，蜀将有时也找他借兵，因而逐渐骄横，轻视汉法，衣食住行擅用皇家龙凤招牌。并专酷杀树威，“益结关外生苗为翼，肆行劫掠”。万历十八年（1590），杨应龙的妻叔张时照与所部何恩等上文，告杨应龙谋反。贵州巡抚叶梦熊疏请发兵进剿，四川抚、按因平时多借杨应龙之力，主张谕抚。朝廷命两省会勘，杨应龙知川人袒护，遂“愿赴蜀不赴黔”。

万历二十年（1592）十二月，杨应龙被逮到重庆受审，“论法当斩”。适逢援朝抗倭，明政府向全国征兵援朝，杨应龙遂乘机表示愿自率5000兵征倭，以将功赎罪。朝廷表示同意，释放了他。杨应龙一回到老巢，立即反悔，拒不出兵。巡抚都御史王继光到重庆，“严提勘结，遂抗不复出”。次年正月，王继光兵分三路征讨杨应龙，在娄山关被打得大败，被迫撤兵。之后，明廷因忙于抗倭，无力兼顾播州，便转而招抚。而杨应龙则借机积蓄力量。“分遣土目置关据险，僭立巡警，搜戮仇民，劫掠屯堡，殆无虚日。厚抚诸苗，用以摧锋，名‘硬手’。州人稍殷厚者，没其家以养苗，由是诸苗人愿为出死力矣。”与此同时，杨应龙频繁四处劫掠。万历二十四年（1596）掠大阡、都坝，焚劫余庆、草堂二安抚司，遍及兴隆、偏镇、都匀各卫。万历二十五年（1597）劫江津县（今重庆市江津区）及南川。万历二十六年（1598），乘兵备副使王士琦被调征倭，杨应龙亲统重兵大掠贵州洪头、高坪、新村诸屯，又侵湖广48屯，阻塞驿站。万历二十七年（1599）二月，大败贵州进剿明军，杀指挥杨国柱。这时朝鲜战事已结束，明廷遂决意进剿。任都御史李化龙兼兵部侍郎节制川、湖、贵三省兵事，调东征援朝诸将南征，并命浙江、福建、云南、广东派兵会剿。

万历二十八年（1600）春，征兵大集，延宁四镇、河南、山东、天津援军亦至，李化龙乃分兵八路进剿。其中川师分四路：总兵刘綎从綦江入，总兵马孔莫从南川入，总江吴广从合江入，副将曹希彬从永宁入。黔师分三路：总兵童元镇由乌江，总兵李应祥由兴隆，参将朱鹤龄由沙溪。湖广偏桥一路，分两翼：总兵陈璘由白泥，副总兵陈良玭由龙泉。每路兵马三万人，其中30%为官兵，70%为土司兵。刘綎部进击神速，二月十五日破綦江，大败杨朝栋。三月底攻占娄山关；其余各部亦分道并捷。五月，八路明军齐集海龙囤，更番迭攻。六月，囤破，杨应龙自缢身亡，播州平。

杨应龙被平定以后，明政府将播州宣慰司“改土归流”，设置二府二州七县。遵义府辖真安州及遵义、桐梓、绥阳、仁怀四县，属四川。平越府辖黄州及余庆、瓮安、湄潭三县，属贵州。从而结束了杨氏家族在播州700多年的世袭统治。

万历三大征，连续用兵8年，前后动用军队人次上百万，军费支出将近2000万两白银，明王朝国库积储被耗费一空。

僵卧孤村不自哀，尚思为国戍轮台。

夜阑卧听风吹雨，铁马冰河入梦来。

——〔宋〕陆游《十一月四日风雨大作》

奢安之乱

明光宗即位仅一个月，就因病后服用红丸而死，终年 36 岁。明光宗长子朱由校即位，以次年（1621）为天启元年，是为明熹宗。

天启年间，四川永宁宣抚司奢崇明、贵州水西宣慰司安邦彦先后发动叛乱，史称“奢安之乱”。

奢崇明之叛。奢氏，彝族人。洪武时归附，命为四川永宁宣抚司宣抚使，世守其土。万历二十三年（1595），宣抚使奢崇周死，因无子，由其堂兄弟奢崇明袭位。奢崇明为人阴险，表面上对朝廷极为恭顺，凡有征调，无不从命，获取了很多官员的信任。他的儿子奢寅，素有逆志，召纳纠集了大量亡命之徒。天启元年（1621），明廷因辽东与后金战事正紧，向四方征兵，奢崇明遂乘机上书表示愿提兵 3 万赴援，被批准后，便派樊龙、樊虎率兵至重庆，久驻不发。巡抚徐可求到重庆催促出兵，樊龙等便以兵饷不继为由，于九月十七日发动叛乱，杀巡抚、道府、总兵等官 20

余员，控制了重庆。随后分兵攻合江、纳溪，破泸州，陷遵义。奢崇明则自号“大梁”，设丞相、五府等官，并统兵数万和樊龙分道直奔成都。全蜀震动。

天启元年（1621）十月，奢崇明进逼成都，四面夹攻。当时城内明军只有2000多人，布政使朱燮元、周著和按察使林宰分门固守，指挥士兵多次击退奢部进攻，顽强抗守。十二月，各道援兵相继到达，并先后收复了安岳、乐至二县。但奢崇明的部队也日益增多，毫无退意。这时，成都被围已80余日，城中百姓生活日益困顿。奢崇明部在城外到处挖掘坟墓，城上人看见皆哭。天启二年（1622）正月，朱燮元约奢崇明部将罗乾象为内应，于二十八日夜内外夹攻，奢崇明大败，率部逃往泸州。成都围解，时被围102天。

成都围解后，朱燮元因功升任巡抚。三月，朱燮元率部追击奢崇明，先后攻占江安、新都、遵义。五月，进抵重庆。这时樊龙盘踞重庆已9个多月。其地三面临江，“春水泛涨，一望弥漫不可渡”。其必经之道只有佛图关至二郎关一条陆路。而樊龙在此有重兵把守，“连营十有七，宿精兵数万”。朱燮元因地制宜，采取正面佯攻，背后偷袭之法，将通道一举打通，于二十七日攻克重庆。然后挥师西下，收复了泸州，奢崇明逃回永宁，遥倚反于贵州的安邦彦为声援。天启三年（1623）四月，朱燮元进兵永宁，败奢军于土地坎，收复永宁。接着又连克红崖、天台二寨和蔺州城，奢崇明败逃贵州水西，与安邦彦合兵。而朱燮元“以蜀已无贼，遂不穷追”。

安邦彦为贵州水西宣慰司宣慰使安位的叔父。水西宣慰司介于川黔两省之间，其辖地东起威清、平坝，西起乌撒，南抵安顺，北达赤水。安氏自洪武初即世守其地，管苗民 48 族。万历末年，宣慰使安尧臣死，其子安位袭职。安位年幼，实权掌握在叔父安邦彦手中。天启二年（1622）二月，安邦彦挟持安位举兵反叛，自称“罗甸王”，分兵破安顺、平坝、沾益、龙里。随后，安邦彦亲统 10 万大军于二月七日包围了贵阳城。

贵州巡抚李枟刚上任，闻变，即与巡按御史史永安全力拒守。安邦彦见久攻不下，便沿路布置栅栏，截断城中出入。镇将张彦芳率兵 2 万赴援，被阻于龙里卫。总兵杨愈懋、推官郭象仪与叛军战于江门，先后阵亡。援兵到不了，安邦彦更是连日急攻，“城中粮尽，人相食”。这时，明廷正集全力于辽东与后金战事，对此无暇顾及。直到天启二年十一月新任巡抚王三善率 2.7 万援兵，分两路经一个多月的浴血奋战，于十二月初直抵贵阳城下，安邦彦撤退，贵阳围始解。贵阳被围 10 个多月，城中军民 40 万人，大部分被饿死，仅剩几百人。

贵阳围解后，安邦彦远逃陆广河外。天启三年（1623）春，安邦彦卷土重来，大败明军于陆广，率部欲再围贵阳。王三善派兵三路抵挡，破苗寨 200 余座，活擒宋万化，并焚其辎重粮草。于是“龙里、定番四路并通，诸苗畔者相继降。邦彦气夺不敢出，于鸭池、陆广诸要地掘堑屯兵，为自守计”。这时，奢崇明为蜀兵所败，计穷投水西，与安邦彦合兵一处。六月，王三善率部深入水西腹地，连破天台、水脚等 7 囤，最后攻占了大方。安邦彦败逃鸭池河南，据守织金。不久，王三善因军粮不继，被迫退还贵州。路上遇敌，王三善战死。安邦彦乘机率众数万追击。明军因无粮草，加以主帅阵亡，均无心恋战，大溃。嗣后，奢安叛军联合，与明军连年作战。明军因指挥不力，遂使奢安势力得以恢复，并逐步壮大。奢崇明自称“大梁王”，安邦彦则自号“四夷大长老”。

为统一指挥作战，明廷于崇祯元年（1628）起用因父丧丁忧在家的前四川巡抚朱燮元总督贵、湖、云、川、广五省军务，全权负责征剿。崇祯二年（1629）八月，安邦彦、奢崇明合兵 10 万进犯赤水、永宁，朱燮元诱敌深入，在叛军到达永宁后，明军从三岔、陆广、遵义三面围攻，并派奇兵绕后，四面夹攻，叛军大败，奢崇明、安邦彦均阵亡。

奢崇明、安邦彦死后，朱燮元乃晓谕安位，“赦其罪，许归附”。但安位拒不从命。于是朱燮元便派兵封锁水西各处要道，四面围攻。经百余日围困，安位因饥饿难耐，被迫于崇祯三年（1630）春率 48 头目向明军投降。“奢安之乱”至此方平。

“奢安之乱”前后历时九年，极大消耗了明朝国力，加速了明朝的灭亡。

风声雨声读书声，声声入耳；

家事国事天下事，事事关心。

——〔明〕顾宪成

东林党争

从“大礼议”开始，嘉靖、隆庆两朝的各派官僚就一直为争夺内阁首辅权位而互相攻讦排挤，纷争不已，但其时尚无固定门户。万历时期，由于神宗长期怠荒，对朝臣政争多数时间又放任自流，因此各级官僚为维护自身利益，纷纷拉帮结派，彼此倾轧，争权夺利，致使朝廷内外，党派林立。有以内阁辅臣沈一贯、方从哲为首的“浙党”，给事中亓诗教为首的“齐党”，给事中官应震为首的“楚党”，宣城人汤宾尹为首的“宣党”，昆山人顾六峻为首的“昆党”以及“东林党”。

“东林党”之得名缘于顾宪成。明神宗的皇后无子，王恭妃于万历十年（1582）生下朱常洛，郑贵妃于万历十四年（1586）生下朱常洵。神宗宠爱郑贵妃，想立朱常洵为太子。许多大臣为维护“有嫡立嫡，无嫡立长”的封建继承制度，要求立长子朱常洛为太子。于是，朝廷上爆发了“国本”之争。在“争国本”的过程中，吏部文选郎中顾宪成因力主册立朱常洛，引起了神宗的不满。接着又在万历二十二年（1594）廷推时，推举因拥立朱常洛为太子而被免职的前首辅王家屏，再次触怒了神宗，因而被罢官闲住。回到故乡无锡后，顾宪成与好友高攀龙、钱一本、顾允成、安希范等人开始了讲学活动。万历三十二年（1604），在常州知府的支持下，重新修复了无锡城东的东林书院，在里面定期讲学，每年一大会，每月一小会。讲习之余，他们往往“裁量人物，訾议国政”，抨击当权派。一时间，“士大夫抱道忤时者，率退林野，闻风响附”，一些在朝官员也遥相应和。反对派因而称之为“东林党”。

除“东林党”外，浙、齐、楚、宣、昆各党都是以地缘关系攀结而成，其中浙党势大，齐、楚等党依附于它，专以攻击东林排斥异己为事，统称为邪党。

党争的尖锐化是从癸巳京察开始的。明代考察官吏之制分京察和外察。主持其事者是吏部尚书、都察院都御史、吏部考功司郎中和河南道御史。京察考核京官，六年一次，每逢巳、亥年进行。外察考核地方官吏，三年一次，乘地方官进京朝觐之机进行。在考察中，要根据官员的政绩品行，分别予以升迁、降调或罢免、致仕等奖惩。由于考察要最终决定升迁，故各派官僚均将其视为打击对手、扶植同党的主要机会，京察中尤其如此。万历二十一年（1593）京察即争斗得异常激烈，由于这一年论干支为癸巳，史称“癸巳京察”。

主持癸巳京察的是吏部尚书孙鑨、左都御史李世达和考功司郎中赵南星。考察中，他们严格执法，不徇私情。孙鑨的外甥兵部员外郎吕胤昌、赵南星的亲家都给事中王三余因考察不合格，首先被罢免。接着包括内阁大学士赵志皋的弟弟在内的一批庸官、贪吏被或降低或罢黜。“一时公论所不予者贬黜殆尽……由是执政者皆不悦。”当时大学士王锡爵刚刚还朝任首辅，本想有所庇护，“比至而察疏已上”，故王锡爵“亦不能无憾”。于是，王锡爵一面上书神宗指责这次京察“抑扬太过”，一面授意刑科给事中刘道隆奏劾孙鑨等人升贬不公。神宗得奏，不辨是非，下旨严责部臣专权结党，把赵南星贬官三级、停发孙鑨俸禄。左都御史李世达、礼部郎中于孔兼、员外郎陈泰来等交章为赵南星讼冤，神宗怒，将赵南星革职为民，于孔兼、陈泰来降调。孙鑨见事不可为，遂告老还乡。

癸巳京察对万历政局影响很大，不仅“门户之祸坚固而不可拔，自此始也”。而且先例既开，使“京察”成为各党用来打击对手的经常性手段，京察便失去了其固有的甄优汰劣作用。如万历三十年（1602）京察（乙巳京察），由“东林党”人、吏部侍郎杨时乔和都御史温纯主持，二人“力锄”沈一贯的心腹，浙党给事中钱梦皋、钟兆斗及御史张似渠、于永清等都被贬谪。沈一贯非常恼怒，在他的煽动下，明神宗指责杨时乔、温纯等徇私，并扣住京察的奏疏不发。万历三十九年（1611）京察（辛亥京察），主持其事者为吏部尚书孙丕扬、侍郎萧云举及副都御史许弘纲、考功郎中王宗贤、吏科都给事中曹于汴、河南道御史汤兆京等，大部分为“东林党”人，故北京京察中齐、楚、浙、宣、昆诸党多遭驱逐。而南京京察为齐、楚、浙党主持，故“东林党”人又大受排挤。万历四十五年（1617）京察（丁巳京察），由楚党吏部尚书郑继之、给事中徐绍吉、御史韩浚和浙党考功郎中赵士谔等主持。为报复辛亥京察，郑继之等对“凡抗论国本、系籍正人者，莫不巧加罗织”，“东林党”人被逐一空。

党争涉及的问题很多，其焦点除京察之外，尚有“三案”，即梃击案、红丸案、移宫案。

万历四十三年（1615）五月初四，有个叫张差的男子，持棍闯进慈庆宫欲谋害太子朱常洛。巡视皇城御史刘廷元乃浙党成员，他审问后奏称张差是疯子。刑部提审主事王之采是“东林党”人，他又仔细审问，查出张差系受人指使，从蓟州来到京城，被一太监带进宫中作案，因而揭发其“不癫不狂，有心有胆”。后又经过十三司会审，审出指使张差行凶的人为郑贵妃宫中太监庞保、刘成。至此，真相大白，朝议纷纭。明神宗怕进一步追查牵涉到郑贵妃，便力主疯癫说，下令将张差磔死，庞保、刘成毙于内廷，暂时平息了这场风波。史称“梃击案”。

万历四十八年（1620）七月，明神宗病死，太子朱常洛即位，是为明光宗。因身体羸弱，纵欲过度，光宗患病。郑贵妃指使内太监崔文升入诊，开了一服泻药。光宗服后，腹泻不止，一天竟至三四十次。鸿胪寺丞李可灼又进“红丸”，光宗连服二粒，一命呜呼，仅在位 29 天。光宗之死，廷臣大哗，均归咎于李可灼和首辅方从哲，纷纷上书，指责李可灼进药不效，应立即待罪，弹劾方从哲轻荐狂医，有十大罪，三可杀。方从哲被逼无奈，只好将李可灼罚戍一年，自己辞官而去。此后关于朱常洛去世的原因，“东林党”和邪党进行了长期的争论。此为“红丸案”。

光宗死后，其 16 岁的长子朱由校即位，是为明熹宗。李选侍在朱常洛生前极受宠爱。明光宗即位时，她与太子朱由校一起入居乾清宫。光宗死后，她便控制了乾清宫，并与心腹太监李进忠密谋，阻止朱由校与廷臣见面，企图挟皇长子自重。“东林党”人大学士刘一燝、给事中杨涟等首先和司礼太监王安共同设计从乾清宫骗出朱由校，拥住慈宁宫。随后便以李选侍占住乾清宫违制为由，多次上书力促李选侍移宫，皇太子朱由校也明确表示支持。李选侍无奈，只好怏怏搬出乾清宫，改居仁寿殿。她头天走，群臣第二天就正式拥立朱由校即帝位，是为熹宗。移宫后，御史贾春旺上书指责力促移宫的“东林党”人，“谓不当于新君御极之初，首劝主上以违忤先帝，逼逐庶母，表里交构，罗织不休，俾先帝玉体未寒，遂不能保一姬女”。于是两派官员便围绕移宫的是非展开了争吵。直到熹宗出面干涉，争论才暂时停息。此为“移宫案”。

移宫案后，“东林党”人因拥戴有功，势力重新崛起，内阁、吏部、兵部、都察院等重要部门均由“东林党”人主持。“东林党”人一向比较关注社会问题，看到“民不聊生，大乱将作”的现实，他们反对明神宗及大地主集团侵占田土，反对矿监税使四处掠夺，要求改革弊政，加强君主集权，因而获得了良好的声誉。

所以天启初年“东林党”人上台执政后，一时“天下欣欣望治”。他们也曾积极整肃吏治，规划辽东战事，但由于其仍将大部分精力倾注于论“三案”是非，排除异己，打击宿敌，因而政治改良收效甚微。及至魏忠贤集团崛起，“东林党”人遂遭灭顶之灾。

老狐戴髑髅，夜拜北斗神。
绥绥曳长尾，顷刻化为人。
我有龙颖剑，欲杀投水滨。
丈夫报国家，鸿毛安足论？
击之一不中，徒为鼠雀嗔。
多彼寒蝉辈、教我守尘沦。

——〔明〕左光斗《咏怀·三》

阉党乱政

明朝宦官为害，在中国历史上是数一数二的。而在这些臭名昭著的宦官中，魏忠贤是最恶劣的。

魏忠贤（1568—1627），河间府肃宁县人，初名进忠，号完吾。天启二年（1622）熹宗赐名“忠贤”。自幼狡黠无赖，目不识丁，“然亦有胆力，能决断，顾猜狠自用，喜事尚谀”。娶妻冯氏，生一女。因在一次赌博中输掉，为赌徒污辱，一气之下自宫，改姓名为李进忠。

万历十七年（1589），魏忠贤被选入宫，隶司礼监掌东厂太监孙暹手下，洒扫供役，不久即攀附调至甲字库。以后又通过巴结太监魏朝当上熹宗生母王才人的典膳。魏朝为司礼监掌印太监王安手下，多次在王安面前夸奖魏忠贤，王安也很善待他。熹宗的乳母客氏是定兴人侯二的妻子，18 岁入宫，两年后丧夫，与魏朝私下相好。魏忠贤入宫后，客氏遂疏远魏朝而亲近魏忠贤，关系非同一般。熹宗即位后，客氏被封为奉圣夫人，魏忠贤也自惜薪司升任司礼监秉笔太监兼提督宝和三殿。魏忠贤不识字，按理是不能进入司礼监的，因为客氏鼎力相助，才得以如愿。

魏忠贤进入司礼监后，即开始设法夺权。掌印太监王安是光宗朱常洛东宫旧侍，熹宗初立，他和诸大臣同受顾命，为人刚直不屈。天启元年（1621），魏忠贤指使给事中霍维华弹劾王安专权，客氏从中附和。熹宗不究真假，下诏革去王安职务，贬为南海子净军。魏忠贤怕有反复，又命刘朝为南海子提督，将王安谋杀。王安死后，魏忠贤势力日益膨胀，引用司礼监王体乾及李永贞、石无雅、涂文浦等为羽翼，宫中无人敢置一言。天启三年（1623），魏忠贤兼掌东厂，权力更大，加上有客氏做内援，权势日益显赫。

熹宗生性好玩，魏忠贤便投其所好，“日导帝为倡优声伎，狗马射猎”。他又劝熹宗挑选宦官 300 人，手持龙旗，列队在左。令宫女 300 人，手持凤旗，列队在右，大搞内操。从此紫禁城内锣鼓喧天，廷臣上书谏止，都被拒绝。明熹宗还天性机巧，喜欢木工油漆之事，经常自操斧锯凿削，其本领一般的能工巧匠都赶不上。熹宗从早到晚制作器具，“成而喜，不久而弃，弃而又成，不厌倦也”。每逢熹宗干活最起劲的时候，魏忠贤便有意奏事，弄得熹宗很烦，就说："我已经全交给你了，你等好自为之。"魏忠贤因此把持了内廷，为所欲为。

把持内廷的同时，魏忠贤又把手伸向外廷。天启元年（1621）七月，沈淮入阁，魏忠贤即密与相结。沈淮曾任内书堂教习，魏忠贤对其执弟子礼。二人狼狈为奸，想方设法排挤阁臣刘一燝。天启二年（1622）三月，刘一燝被迫去职。天启三年（1623）正月，魏忠贤援引顾秉谦、魏广微进入内阁。顾秉谦为人庸劣无耻，魏广微与魏忠贤是同乡，二人曲意奉承魏忠贤，就像奴仆一样。

随着魏忠贤权势的扩张，万历以来的东林党、邪党斗争的形势逐渐发生了变化。那些被东林党罢了官的人，纷纷投靠魏忠贤，蝇营蚁附，逐渐形成阉党。天启四年（1624），给事中傅櫆与魏忠贤的外甥傅应星结拜为兄弟，诬奏中书汪文言，并牵扯到左光斗、魏大中。结果魏忠贤将汪文言下锦衣狱，并欲大行罗织东林党。但掌管锦衣卫镇抚狱的刘侨受首辅叶向高的指示，不愿给汪文言判罪。魏忠贤大怒，将刘侨撤职为民，而以亲信许显纯代替其职务。这时，御史李应升、刘廷佐，给事中霍守典、沈惟炳纷纷上书指责魏忠贤不法事，但均遭其矫旨诘责。副都御史杨涟愤怒已极，遂于是年六月上弹劾魏忠贤二十四罪疏。文中罗列魏忠贤擅权祸国、打击异己等二十四大罪，指出其"积威所劫，致掖廷之中，但知有忠贤，不知有陛下；都城之内，亦但知有忠贤，不知有陛下"。要求对其加以严惩。疏上，魏忠贤大惧，急趋熹宗跟前哭诉，表示愿辞去东厂提督职务。熹宗令王体乾读杨涟奏疏，王体乾对疏中要害之语均不读，客氏又从旁剖析辩白，熹宗遂懵然不辨，慰留魏忠贤，而于次日下杨涟疏，严旨切责。此旨一下，举朝哗然，魏大中及给事中陈良训、许誉卿等 70 余人交章论劾魏忠贤，但熹宗皆不采纳。

魏忠贤既有熹宗做靠山，于是日益嚣张，“欲尽杀异己者”。在不到半年的时间里，他及其党羽以各种借口先后杖辱、斥逐廷臣数十人。工部郎中万燝被杖死，阁臣叶向高、朱国祯等被逼逐，吏部尚书赵南星、侍郎陈于廷、御史高攀龙及杨涟、左光斗、魏大中等被罢黜，一时“正人去国，纷纷若振槁”。与此同时，魏忠贤大力提拔任用同党，以朱童蒙、郭允厚为太仆少卿，吕鹏云、孙杰为大理卿，重新起用霍维华、郭兴治为给事中，徐景濂、贾继春、杨维垣为御史，而起徐兆魁、阮大铖等为爪牙，逐步编织出一个几乎垄断所有主要职位的黑网，自内阁、六部，至四方总督、巡抚，遍置死党，逐步掌握了朝廷内外大权。外廷文臣中崔呈秀、田吉、吴淳夫、李夔龙、倪文焕五人为其出谋划策，号称“五虎”；武臣中田尔耕、许显纯、孙云鹤、杨寰、崔应元五人为其掌控军队，号称“五彪”；吏部尚书周应秋、太仆少卿曹钦程等，号称“十狗”。此外还有“十孩儿”“四十孙”之号。

以魏忠贤为首的阉党控制了朝廷内外大权之后，随即展开了对政治反对派更大规模的迫害。顾秉谦、魏广微编《缙绅便览》，把叶向高、赵南星、高攀龙、杨涟、左光斗等百余人目为邪党，而将黄克缵、贾继春、霍维华、崔呈秀等 60 余人统称正人，进呈给魏忠贤，以作为进退百官的依据。其他阉党则进有《点将录》《天鉴录》《同志录》等黑名单，把不阿附于魏忠贤的官员开列入内，统称为东林党人，并罗织罪名，逐一打击迫害。与此同时，他们还数兴大狱，其规模较大者两次。第一次在天启五年(1625)。东林党人杨涟、左光斗、袁化中、魏大中、周朝瑞、顾大章六人被诬受贿，下镇抚司狱，倍受酷刑，杨涟等五人死于狱中，顾大章自杀，史称“六君子”。第二次在天启六年（1626)。魏忠贤指示其党羽李永贞假造浙江太监李实奏本，逮捕前应天巡抚周起元和在江苏、浙江家中的高攀龙、周宗建、缪昌期、周顺昌、黄尊素、李应升、周起元七人。高攀龙投水自尽，周顺昌等六人均死于非刑，史称“七君子”。此外，阉党还派东厂番役四处侦探臣民隐事，民间戏语，凡被认为有触及魏忠贤的，一律逮捕入狱，甚至剥皮、割舌，杀人不可胜数，道路以目。为压制舆论，魏忠贤又以剿灭东林党人的名义，拆毁全国所有书院，禁止讲学。

在残酷镇压东林党的同时，阉党又推翻梃击、红丸、移宫三案，对在三案发生时，与阉党官僚争论过是非的官员一律予以惩处。为求名正言顺，他们又奏请熹宗同意，仿照嘉靖大礼议《明伦大典》体例纂修《三朝要典》，按照自己的意旨重新确立了三案是非。

东林党人被镇压后，魏忠贤的权势达到登峰造极的地步。“故天下风靡，章奏无巨细，辄颂忠贤。”所有奏疏，提及魏忠贤都称“厂臣”不名。内阁票旨，也必称“朕与厂臣”，没人敢提魏忠贤的名。天启六年（1626）六月，浙江巡抚潘汝桢为讨好魏忠贤，在西湖首建魏忠贤生祠。此后，全国各地纷纷效仿，上自封疆大吏，下至普通武夫、商人、奴仆、流氓都竞相建祠。有些官员迎接魏忠贤塑像进祠，行五拜三叩大礼。而松江监生陆万龄甚至提出在京师国子监西面建魏忠贤生祠，以魏忠贤配享孔子。其奴颜婢膝之态，真令人不可思议！

魏忠贤的辉煌却没能持续太久，其政治生涯在天启七年（1627）秋发生了巨变。这年八月，明熹宗死，其弟信王朱由检继立，是为崇祯帝。崇祯为信王时素知魏忠贤罪恶，因而其即位后，东林党人纷纷上书弹劾魏忠贤。十一月初一，崇祯帝下令削去魏忠贤官职，贬往凤阳。初四日，又下令逮捕究治。魏忠贤途中闻讯，上吊自杀。十七日，客氏在浣衣局被笞杀。崇祯二年（1629）三月，颁布《钦定逆案》，在朝阉党或被杀或被罚，驱逐一空。

崇祯帝可要算是一个例外，他很博得后人的同情。就是李自成《登极诏》里面也说："君非甚暗，孤立而炀蔽恒多；臣尽行私，比党而公忠绝少。"不用说也就是"君非亡国之君，臣皆亡国之臣"的雅化了。

——郭沫若《甲申三百年祭》

难挽颓局

明思宗（1611—1644），名由检，光宗第五子，万历三十八年十二月生。天启二年（1622）封信王，五年后即皇帝位，改元崇祯。明思宗即位之际，正值明王朝多事之秋。朝内政治腐败黑暗；地方民众起义不断，直至形成全国性的起义；东北边疆对后金作战不断失利，步步败退。面对危亡之局，明思宗殚精竭虑，企图凭自己的努力，力挽狂澜，重建太平天下。但由于时势所限，他最终未能如愿，以至于不甘心地发出了"朕非亡国之君"的千古浩叹。

为了改变政治混乱局面，支撑行将倾倒的王朝大厦，明思宗上台伊始，即大力整肃朝政。魏忠贤及其阉党被清除以后，为进一步抑制宦官权势，天启七年（1627）十一月，明思宗下令尽撤各处镇守太监，边政由各地督抚专理。崇祯元年（1628）正月，又命各地镇守太监全部回宫，非受命不许出禁门。并禁朝臣结交内侍，从而使宦官的影响力大降。崇祯元年四月焚毁《三朝要典》，为东林党人平反昭雪，该复官的复官，该起用的起用。与此同时，他改革用人制度，主张不拘一格选拔人才。如崇祯二年（1629）底，后金兵骚扰京城，有人推荐游方僧申甫有将才，明思宗立刻召见，破格提拔为副总兵，令其招募训练新军。为打破用人只重进士的局面，明思宗注意从举、贡中选拔官吏，他在位期间仅出任地方巡抚的举人就有10人。此外，他还重保举，令三品以下、五品以上两京文官，及翰林科道和抚按司道知府等官，均可不拘科第贡监，举荐府州县官。在科举考试中，增设“裕国足民”和“奇谋异勇”两科，以广求堪用贤才。为加强阁臣处理实际政务的能力，明思宗打破明中叶以来从翰林中任用阁臣的制度，直接从六部，乃至地方大吏中选拔阁臣。如崇祯十一年（1638）六月有5人入阁，其中除方逢年1人为翰林出身外，杨嗣昌等4人均系外僚。

在整肃朝政的同时，明思宗一改数朝积弊，事必躬亲，勤奋从政。他恢复了早已名存实亡的早朝制度，每天一早听取大臣奏事，经筵、日讲按时御临。召见大臣也十分频繁，有事即召。阁臣为备不时诏，晚上常留宿阁中不归。对各地章奏因怕臣下隐匿不报或敷衍了事，大多自己过目。奏疏票拟，也常常亲自动手。每遇军情紧急，思宗便常常通夜不寐。

为整饬边防，他起用军功显赫的袁崇焕为兵郎尚书，都师蓟辽，并赐尚方剑，许其全权行事。袁崇焕亦不失所望，采取“以辽人守辽土，以辽土养辽人。守为正著，战为奇著，和为旁著”的战略，整顿兵备，调兵遣将，有力抑制了后金进攻势头，稳定了辽东战场。在西北，明思宗任命杨鹤为兵部右侍郎，总督陕西三边军务，相机抚剿农民军。

通过上述一系列举措，形势本来会有所好转，但由于明思宗急于求成，且为人多疑，刚愎自用，实际结局却与他的愿望恰恰相反。崇祯二年（1629），皇太极率 10 万精骑，避开袁崇焕镇守的锦州、宁远、山海关，绕道蒙古，入长城，直逼京师，袁崇焕闻讯，千里提兵入援。但明思宗却误中后金反间计，以“其引敌胁和，将为城下之盟”为由，将袁崇焕逮捕下狱，凌迟处死，从而自毁了长城。在西北，因生计无路，各路农民军旋抚旋叛。对此，明思宗不加深究，恼怒地将杨鹤撤职查办。在朝内，内阁阁臣多庸庸碌碌，或拘于文墨，不通时变，或胆小怕事，逶迤其间。加之大臣门户依旧，争斗依然，朝政不见有丝毫起色。明思宗失望之余，遂临朝慨叹“外廷皆不足恃”。

既对廷臣失望，明思宗便转而求助于宦官。崇祯二年（1629）十一月，后金兵再次南下，京师戒严。明思宗遣乾清宫太监王应朝监视行营。十二月，以司礼监太监沈良佐、内官监太监吕直提督九门及皇城门，司礼监太监李凤翔提督京营。此后，宦官监军越派越多。崇祯四年（1631）秋，命太监唐文征提督京营。王绅往宣府，刘文忠往大同，刘允中往山西，各监视兵饷。十月，太监王应朝被派往关宁，张国元、王之心、邵希韶分别被派往蓟镇东协、中协、西协监军。除边镇监军外，宦官们又被派入征剿农民起义的各路明军之中。崇祯六年（1633）五月，明思宗命太监陈大金、阎思印、谢文举、陈茂霖分入曹文诏、张应昌、左良玉、邓玘军中，监纪功过，督催粮草。督军督饷之外，宦官们还被广泛地用于其他方面，督察钱粮、税务、茶马、司法。此后，除崇祯七年（1634）、十三年（1640）派往各地的宦官曾两度被短暂撤回外，宦官一直受到明思宗的重用。

明思宗虽然不信任外臣，但在内外施政上却又要依靠他们，加上他生性多疑，急于求治，因而对文武百官有过即究，动辄罚杀。这种“重典绳下”现象引起了一部分有远见官员的不安。崇祯二年（1629）十一月，河南府推官汤开远上书指责说：“皇上急于求治，诸臣救过不给。临御以来，明罚敕法，自小臣以至大臣，与众推举，或自简拔，亡论为故为误，惧褫夺戍配不少贷，甚则下狱拷讯，几于刑乱国用重典矣。”崇祯三年，顺天府尹刘宗周上书尖锐批评了当时对官吏处罚过多的现象，他讲“陛下以重典绳下……轻者谪去，朝署中半染赭衣”。明思宗在位 17 年，所杀大臣不计其数。其中阁臣有薛国观、周廷儒，刑部尚书有薛丸、刘之凤、甄淑，兵部尚书有王洽、陈新甲等。至于地方大吏，则总督郑崇俭、袁崇焕、刘策、杨一鹏、熊文灿、范志宪、赵光抃等 7 人被杀。巡抚被杀 8 人，分别为蓟镇王应豸、山西耿如杞、宣府李养冲、登莱孔元化、大同张翼明、顺天陈祖苞、保定张其平、山东颜继祖、四川邵捷春、永平马成名、顺天潘永图等。由于罪废不断，思宗一朝官员更替之频繁前所未有。十七年中，刑部尚书换了 17 任，兵部尚书换了 14 任。内阁大学士更如走马灯，前后所用竟达 50 人之多。严刑峻法的结果，使文武百官大多数遇事退缩，不求有功，但求无过。对此刘宗周曾痛心疾首地指出："陛下求治太急，用法太严，布令太烦，进退天下士太轻。诸臣畏罪饰非，不肯尽职业，故有人而无人之用，有饷而无饷之用，有将不能治兵，有兵不能杀贼。"

由于文臣束手，将士离心，明王朝在对后金（清）和农民起义军的作战中节节败退。崇祯十五年（1642）二月，明军松山会战失败，精锐尽失，关外要塞松山、锦州沦陷，清兵锋直逼宁远、山海关。崇祯十六年（1643）十一月，李自成攻占西安。次年正月，建立大顺政权。二月，大顺军兵分二路，进军北京。三月十九日，北京城破，明思宗在煤山自缢身亡。临终遗诏："朕凉德藐躬，上干天咎，致逆贼直逼京师，皆诸臣误朕。朕死，无面目见祖宗，自去冠冕，以发覆面。任贼分裂，无伤百姓一人。"

另勋白山高，云深人莫至。

树色郁青苍，兴王肇基始。

——〔清〕王永恩《望长白山》

后金崛起

在明王朝衰败没落的同时，建州女真逐渐发展壮大起来。

永乐以后，由于受蒙古部落和野人女真的侵扰，海西女真、建州女真各部被迫南迁。建州卫与建州左卫几经迁徙，到正统年间定居于浑河、苏子河上游。正统七年（1442），明政府从建州左卫中分置建州右卫，与建州卫、建州左卫合称建州三卫。海西女真各部的迁移则一直到嘉靖初年才稳定下来，散居于开原以北到松花江一带。建州女真和海西女真南移后，由于和汉族经济文化联系加强，社会经济迅速发展。到万历初年，女真各部逐渐形成了四个强大集团，即建州部，包括苏克苏浒河、浑河、完颜、哲陈和董鄂五部；长白山部，包括讷殷、朱舍里、鸭绿江三部；扈伦部，包括叶赫、哈达、辉发、乌拉四部；东海部，包括窝集、瓦尔喀、虎尔哈三部。为了争夺人口、财物和土地，女真各部“群雄蜂起，称王号，争为雄长，各主其地，互相攻战，甚者兄弟自残，强凌弱，众暴寡，争夺无已时”。这种混战割据的局面，给女真各部带来了深重的灾难，统一已成为人心所向，努尔哈赤正是在这种历史条件下走上了统一女真各部的道路。

努尔哈赤（1559—1626），是苏克苏护河部费阿拉城（今辽宁新宾县）人，明初建州左卫都督猛哥帖木儿六世孙。爱新觉罗氏，祖父觉昌安、父塔克世均为明代世袭的建州左卫指挥使。努尔哈赤10岁丧母，因继母虐待，19岁分家自立。从小喜读《三国演义》和《水浒传》，成年后常到抚顺马市贸易，熟习汉地习俗，受汉文化影响较深。万历十一年（1583）建州苏克苏护河部图伦城主尼堪外兰引导明辽东总兵李成梁出兵征讨阿台章京，在攻打古埒寨时，努尔哈赤的祖父和父亲被明军误杀。于是，努尔哈赤遂以祖、父遗甲十三副起兵讨尼堪外兰，开始了其统一女真各部的历程。由于指挥有方，他进展神速。万历十二年（1584）降服董鄂部，十三年（1585）征服浑河部，十四年（1586）擒杀尼堪外兰，控制苏克苏护河部。十五年（1587）、十六年（1588）又先后收服哲陈、完颜二部。建州五部自此统一。

建州女真统一之后，努尔哈赤一面对明朝遣使通好，岁致朝贡表示顺服（明政府因此先后封其为指挥使、都督佥事和龙虎将军），一面将兵锋转向海西女真（即扈伦四部）。在与海西女真20余年的艰苦作战中，他采取先除枝叶，后及主体的战略，兼并了长白三部和东海女真，并派兵进入黑龙江、精奇里江、牛满河一带，收复了散居此地的萨哈连、使犬、使鹿等部。至万历四十七年（1619），最后进兵叶赫部，统一了海西四部。至此，自东海至辽边，北自蒙古、嫩江，南至朝鲜、鸭绿江，“同一语音者，俱征服，是年诸部始合为一”。

努尔哈赤在统一女真各部的同时，也积极进行了一系列的政治、经济、军事和文化建设与革新，但其中最重要的当属“八旗制度”。八旗制度是由女真人狩猎时实行的“牛录”组织演变而来。当时每逢出猎开围之际，族人各出箭 1 枝，以 10 人为单位，称为“甲录”（意为大箭）。10 人之中立 1 总领，率领其他 9 人按照事先规定的方向行走，不许错乱。此总领呼为牛录额真（额真，意为“主”）。万历二十九年（1601）努尔哈赤在“牛录”组织基础上，创建了旗制。他将每牛录扩大为 300 人，分别以黄、白、红、蓝四色旗作为标志，每牛录设牛录额真 1 人，管理该牛录内军政事务。万历四十三年（1615），因所辖人口和兵力增加，努尔哈赤又在原有四旗之外增设镶黄、镶白、镶红、镶蓝四旗，共计八旗。同时在牛录之上设立甲喇和固山，即 5 牛录组成 1 个甲喇，设甲喇额真统辖。5 甲喇组成 1 个固山，设固山额真统辖，副职二人称梅勒额真。努尔哈赤为八旗最高统帅，并配有 5000 余骑巴牙喇（直属亲军）。八旗制度是“以旗统人，即以旗统兵”的军政合一体制，它把分散的女真各部严密组织在旗下，进行生产和征战，保证了统一战争的胜利。万历四十四年（1616）努尔哈赤在赫图阿拉（史称兴京，今辽宁新宾县境内）称汗登位，国号大金，建元天命，史称后金。

随着后金经济和军事实力的增长，努尔哈赤很快将矛头指向了明王朝。万历四十六年（1618）四月，他以“七大恨”告天，出兵伐明，连破抚顺、东洲、清河等城，全辽震动。明神宗急派杨镐为辽东经略，在全国征兵征饷，于次年二月进攻赫图阿拉。

明军共10万余人，兵分四路。辽阳总兵刘綎部由宽甸出凉马佃，从东面进攻；辽东总兵李如柏部自清河堡出鸦鹘关，从南路进攻；山海关总兵杜松部自沈阳出抚顺关，从西面进攻；开原总兵马林部自开原、铁岭出靖安堡入苏子河谷，从北面进攻。其中以西路杜松部为主力，皆直指赫图阿拉。经略杨镐在沈阳坐镇指挥。努尔哈赤抓住明军兵力分散的弱点，采取集中优势兵力各个击破的战术。四月十三日，首先集中八旗兵6万人进攻萨尔浒山的杜松军3万人，结果杜松战死，所部全军覆没。努尔哈赤乘胜进击，十四日大败马林军，马林仅以身免，逃往开原。十六日尽歼刘綎部，刘綎阵亡。杨镐闻三路丧师，急令李如柏退兵。明四路大军仅此一路得全师而还。萨尔浒之战，明军阵亡官兵4.6万余人，元气大伤。从此，后金步步进攻，明王朝在战略上由进攻转入防御。

萨尔浒战后，努尔哈赤挥军西进，攻陷开原、铁岭。杨镐因连战败绩，被下狱治罪。万历四十七年（1619）六月，明廷任命熊廷弼为辽东经略，王化贞为辽东巡抚。熊廷弼上任后，根据当时双方力量对比，采取以守为主的方针。他守辽一年多，招抚流亡，整顿军务，修筑城堡，练兵制城，屯田积粮，以守为战，收到了较好效果，致努尔哈赤不敢轻于西进，熊廷弼以守为主的方针被阉党攻击为“怯懦畏战，拥兵不动”，不久被罢。努尔哈赤乘机大举进攻，天启元年（1621）三月攻陷沈阳、辽阳，夺取辽东70余城。为加强对明攻势和巩固对新占领区的统治，努尔哈赤随之将都城迁至辽阳。

辽、沈失陷，明廷举朝震惊。明熹宗再度起用熊廷弼为辽东经略，以王化贞为辽东巡抚。熊主守，王主战，二人争执不下，势同水火。王化贞拥兵10万，为所欲为。熊廷弼仅有兵4000，徒叹奈何。天启二年正月，努尔哈赤利用熊王矛盾，举兵渡辽河，攻陷西平、广宁，王化贞弃城逃跑。后金连陷40余城，占领辽河以西大片土地。天启五年（1625），为便于进一步与明朝作战，努尔哈赤又迁都沈阳，改称盛京。

广宁失守以后，熊廷弼、王化贞被下狱处死。明廷派王在晋经略辽东。王在晋懦弱无能，主张放弃关外，退守山海关。这一消极防御主张遭到袁崇焕等的强烈反对，他认为若保关内，必守关外；若保关外，必守宁远。袁崇焕的意见得到兵部尚书孙承宗的赞同，不久，明廷起用孙承宗代替王在晋为辽东经略。孙承宗继承熊廷弼“以守为战”的战略方针，采纳袁崇焕的建议，整顿山海关防务，兴工修筑宁远、锦州、大小凌河、松山、杏山及右屯等要塞，拓地200里，构成了坚固的宁锦防线。天启五年（1625）九月，孙承宗因遭阉党排挤去职，明廷令高第接任。高第认为关外不可守，一反孙承宗所为，撤锦州、右屯、大小凌河及松山、杏山、塔山守备，“尽驱屯兵入关，委弃米粟十余万，而死亡载途，哭声震野，民怨而军益不振”。袁崇焕见苦劝无效，便组织军民，坚守宁远孤城。天启六年正月，努尔哈赤率重兵围攻宁远（今辽宁兴城），袁崇焕顽强抵抗，努尔哈赤被炮火击伤，退回沈阳。同年八月努尔哈赤病亡，终年68岁。

努尔哈赤死后，皇太极即位，改元天聪。天启七年（1627）五月，皇太极率兵进攻明军重新恢复的宁锦防线，袁崇焕亲自督战，后金军先后围攻锦州、宁远不克，且死伤累累，被迫败退，时称“宁锦大捷”。崇祯二年（1629），皇太极避开宁远，绕道蒙古，直逼北京城下，袁崇焕从山海关驰援。此后，皇太极多次绕道，挥兵入关，掠扰河北、山西，抢掠人口、财物。

在对明朝保持军事压力的同时，皇太极对自身政治、经济、军事也进行了一系列改革。政治上削弱诸王权力，加强汗权，同时模仿明制，先后设立了内三院、六部、都察院、理藩院三院八衙门等一套完整的国家机构，代替原来的八旗制度行使国家权力。经济上实行“计丁授田”、旗民分居、保护和奖励农业生产等政策。军事上，扩大军事编制，另编汉军八旗和蒙古八旗，使军力大增。皇太极的这一系列措施，使后金政权迅速集权化、封建化。

为剪除明朝羽翼，解除后顾之忧，以全力争夺天下，皇太极于天启七年（1627）、崇祯九年（1636）两次对朝鲜用兵，迫使朝鲜断绝与明朝往来，而臣服于后金。同时恩威并施，经数年经营，先后征服了漠南和漠北蒙古，成为满蒙大可汗。此外，皇太极又继续收复故土，统一了黑龙江中、上游和贝加尔湖以东的广大地区。至此，后金政权达到极盛。崇祯九年（1636）五月，皇太极称帝，改元崇德，定国号大清，皇太极称帝以后，即将主要力量转向明朝，展开了咄咄逼人的攻势。崇祯九年（1636）九月，皇太极命阿济格从独石口入居庸关，绕过北京，南下保定，连克13城，掳掠人畜18万而还。崇祯十一年（1638），又命多尔衮、岳托等越过长城，绕过北京抵通州，分兵八路，扰河北，入山东，攻陷城池58座，俘获人口46万。崇祯十三年（1640）起，清军与明军在宁锦防线对峙作战将近二年，至崇祯十五年（1642），明蓟辽总督洪承畴兵败松山被俘投降。锦州守将祖大寿闻松山兵败，亦开城投降。至此，明在关外除宁远孤城由吴三桂驻守外，要塞尽失。

杀牛羊，

备酒浆，

开了城门迎闯王，

闯王来时不纳粮。

——明末民间歌谣

群雄蜂起

明末农民起义始于天启七年（1627）二月陕西澄城农民抗粮杀官，其早期领袖为高迎祥，后期领袖为李自成、张献忠。

李自成（1606—1645），乳名黄娃子，一作黄来儿。陕西米脂县人。幼年因家境贫寒，曾被舍入寺庙，后为姬氏牧羊奴。成年后，到本县银川驿当马夫。崇祯二年（1629），明政府裁减驿站经费，李自成丢掉了饭碗。因生活无着，又遭官府和豪绅欺辱，他遂愤而于崇祯三年（1630）投奔了不沾泥张孟的起义军。加入不沾泥起义军后，因英勇善战，李自成很快为八队队长，号称“闯将”。他“御众严，号令一，领一军不敢仰视，以故制胜，雄于诸寇”。

张献忠，陕西延安柳树涧人。少时家庭贫苦，青年时期曾当过延安府捕役。崇祯三年（1630）参加农民起义，他“临战辄先登，于是众服其勇”。很快成为三十六营义军中的一营首脑，自号西营八大王。

崇祯四年（1631），因受陕西官军压迫，陕西农民军大部分渡过黄河，进入山西，李自成、张献忠部也被迫转入山西。崇祯五年（1632）七月，李自成、张献忠、马守应、王自用等部合力攻占大宁。八月，又攻克隰州。这时李自成已成为山西境内起义军的重要首领。山东道御史刘令誉讲：“有自贼中逃回者言，旧在晋中贼首掌盘子等十六家，最枭勇者为闯将、紫金梁，戴金穿红，群贼效之。遂皆以红衣为号。”九月，李自成等部从宁山卫（今山西晋城）攻入河南，十四日攻克修武。明廷急调副总兵左良玉等率部赶赴怀庆，李自成等见状又回师山西，一举攻克辽州（今山西左权县）。由于留在陕西的起义军“旋抚旋叛”，而进入山西的起义军声势越来越大，明思宗遂于崇祯四年九月将主抚派陕西三边总督杨鹤撤职查办，改任主剿派洪承畴为总督。在洪承畴血腥镇压陕西起义军后，明廷又调曹文诏、张应昌、左良玉、邓玘四部重兵前往山西，围剿起义军。经一年血战，山西各部义军于崇祯元年十一月以诈降冲破明军包围，履冰突破黄河天险，进入河南西部地区，接着又南下湖广、四川，从此成为明王朝的心腹大患。

为统一指挥对农民军的征剿，崇祯七年（1634）春，明思宗以陈奇瑜为兵部右侍郎，总督陕西、山西、河南、湖广、四川军务，“视贼所向，随方剿抚”。陈奇瑜以优势兵力，在河南、湖广连败起义军，李自成、张献忠等部被迫退入陕西。起义军退至汉中时，误入栈道险地（一说为兴安车厢峡）。因山势陡峭，出口被官军封死，又适逢数十天阴雨连绵，起义军衣甲湿烂，人马无食，面临绝境。为摆脱困局，李自成、张献忠等再次诈降，表示愿接受招抚。脱险以后，立即与官军厮杀，分掠西安、庆阳、巩昌、平凉，并重新进入河南，一时声威大震。明思宗恼羞成怒，把陈奇瑜削职逮捕，提升洪承畴为兵部尚书，总督晋、陕、豫、鄂、川五省军务。

崇祯八年（1635）正月，洪承畴统陕西兵东出潼关，与中原各省官军共7万余人合剿起义军。为打破明军“围剿”，起义军十三家七十二营大小首领大会于荥阳（一说无荥阳大会），商讨作战方略。会议采取了李自成提出的“分兵定向”的战略计划，决定兵分五路，分头出击。其中高迎祥、张献忠一路向东连下数城，攻占中都凤阳，焚毁皇陵，明廷举朝震惊。明思宗严令明军全力围剿高迎祥。崇祯九年（1636）七月，高迎祥战败被俘，不久被害。崇祯十年（1637），杨嗣昌任兵部尚书，制定一个“四正六隅十面网”的军事围剿计划，并推荐熊文灿总理直隶、河南、山西、陕西、四川、湖广军务，具体执行实施。在明军的围剿下，李自成部于崇祯十一年（1638）三月在河州、洮州地区两次战役中连遭失利，伤亡惨重，队伍仅剩几千人，被迫长期转战，潜伏于陕、川、鄂接境山区。与此同时，张献忠也在南阳战败，受抚于谷城。其他各路农民军或败或降，起义暂时转入低潮。

张献忠受抚后，拒绝接受明军的改编，所部“人不散队，械不去身”。并不断操练士马，打造军器，同时在谷城屯田，并设关征税，以充军用。经一年休整，崇祯十二年（1639）五月，张献忠于谷城再度起兵，罗汝才等在房山响应。七月，两军在房县罗猴山重创左良玉，歼敌万余人。消息传到北京，明思宗极为恼怒，逮杀熊文灿，诏令杨嗣昌督师。十月初，杨嗣昌到达襄阳，会师10万，命令河南、四川、陕西、郧阳诸抚镇将领，分扼要冲，对张献忠进行围追堵截，在玛瑙山、韩溪寺、盐井、木瓜溪连败义军。面对优势明军，张献忠采取“以走致敌”的策略，于崇祯十三年（1640）秋与罗汝才部突入四川，北上广元、剑阁，南下泸州，拖得入川追击明军疲惫不堪。崇祯十四年（1641）正月，张献忠挥师东进，在开县大败明军，随后顺江而下，昼夜兼程奔袭军事重镇襄阳，二月张献忠攻陷襄阳，杀襄王朱翊铭，发库银15万赈济饥民。至此，杨嗣昌军事围剿计划破产。

攻克襄阳以后，张献忠率部转战于豫皖二省。崇祯十六年（1643）初进入湖广，连克广济、新州、黄州、麻城。五月攻占武昌，楚王朱华奎被沉江。随后，张献忠入楚王府，称“大西王”，改武昌府为天授府，设六部尚书、五军都督府、五城兵马司及巡抚、知府、知县等中央和地方机构，同时开科取士，初步建立起大西农民政权。八月，张献忠撤出武昌，举兵南下，很快席卷了湖南全省，并攻占江西袁州、吉安，广东震动。十二月，张献忠放弃湘赣，进军四川。崇祯十七年（1644）八月攻克成都，十一月张献忠在成都称帝，国号大西，年号大顺，改成都为西京。增置左右丞相，赐封部将孙可望、李定国、刘文秀、艾能奇等为四将军。

张献忠谷城再起以后，李自成也重新活跃，图谋发展。崇祯十三年（1640）冬，李自成乘明军主力入川追击张献忠，河南空虚之机，率部离开郧阳山区，进攻豫西。当时河南连年大旱，赤地千里。李自成一入河南，饥民便纷纷附随，队伍很快发展到数千人。针对明末土地高度集中和赋税繁重的社会现象，李自成起义军明确提出了“均田免粮”的口号，起义军每到一处，便宣布“三年免征”或“五年不征”，支持农民夺回被霸占的土地。同时，“抚流亡，通商贾，募民垦田”，受到了广大农民的热烈欢迎。起义军一到，老百姓便“执香迎导，远近若狂”。到处传唱“杀牛羊，备酒浆，开了城门迎闯王，闯王来时不纳粮”的歌谣。

崇祯十四年（1641）正月，李自成起义军攻破洛阳，杀福王朱常洵，没收福王府中金银财货和大批粮食、物资，发布告示大赈饥民。崇祯十五年（1642）冬，李自成联合起义军中罗汝才所部、袁时中的“小袁营”和贺一龙的“革左五营”。在两年时间里，李自成先后发动三次围攻开封以及项城、襄城、朱仙镇、郏县、汝宁等战役，基本上扫灭了河南境内的官军，并多次粉碎了明廷调来的精锐援军围剿。从此明军被迫转入战略防御，而起义军却日益强大，转入战略进攻。

汝宁战役后，李自成统兵40万。由南阳进入湖广，崇祯十五年十二月，攻占襄阳。随后分兵，连下荆州、枣阳、宜城、谷城、光化等城。崇祯十六年（1643）正月，李自成攻下承天，被推举为“奉天倡义文武大元帅”。三月，李自成改襄阳为襄京，称“新顺王”，中央设丞相和吏、户、礼、兵、刑、工六机构处理政务。因辖区只有河南大部和湖北一部，地方政权暂不设省级衙门，只设府、州、县机构。军事要地则设防御使。

新顺政权建立后，明思宗命陕西总督孙传庭率部东出潼关，征剿李自成。八月孙传庭拥兵10万出关。李自成闻讯，亲率主力北上。九月，两军对垒于郏县。时值大雨滂沱，官军粮运不继。李自成一面动员百姓坚壁清野，使官军无法就地筹粮，一面派大将刘宗敏率万余轻骑出汝州，截断明军粮道。孙传庭闻讯大惊，不得已回师欲打通粮道。李自成率师追击四百里，大败官军，斩杀四万余人。并乘胜挥师西进，十月初六攻破潼关，杀孙传庭。十一月占领西安，分兵收取三边。崇祯十七年（1644）正月初一，李自成在西安建国，国号大顺，建元永昌。改西安为西京，封功臣以五等爵。同时，更定政权机构，改内阁为天佑殿，设大学士平章军事；六政府添设尚书一人，侍郎一人；增置省级机构，设节度使。

正月初八日，李自成亲统大顺军主力由西安出发，东渡黄河，向北京进军。二十三日到达平阳，二月初八攻克太原。接着，大顺军以摧枯拉朽之势，连下宁武、大同、宣府。三月十五日，攻克居庸关，十九日攻占北京。延续276年的明王朝至此灭亡。

鼎湖当日弃人间，破敌收京下玉关。

恸哭六军俱缟素，冲冠一怒为红颜。

——〔清〕吴伟业《圆圆曲》

清兵入关

大顺军进京之后，为防止士兵掠财扰民，李自成严令："军人入城，有敢伤一人者，斩以为令。"严肃军纪的同时，又加强对京城的控制，添设门兵，禁人出入；放兵马入城，街坊胡同无不至者，但不抄掠。因而"市民开张店市，嘻嘻自若"，保持了京城社会秩序的稳定。

当时大顺政权的辖区，包括了整个西北、华北、鲁豫两省、苏鄂两省的部分地区，广袤数千里。其南部尚有大量明朝残余势力，北部离北京不远的山海关，驻扎着明宁远总兵吴三桂和山海关总兵高第率领的精锐部队。山海关外，清军虎视眈眈，密切注视着关内形势的变化和发展。面对这种形势，大顺政权首先接管清理了明王朝的中央机构，甄别录用明朝在京官僚，对罪大恶极者严加镇压。其次向黄河中下游新占领区派设大批地方官，在战略要地派驻军队，以接管、建立政权，稳定地方。与此同时，针对南北两面的军事威胁，大顺政权也采取了相应对策。对南方，李自成抽调部分军队沿运河南下，前往招抚明朝军队，但因人数太少，又基本上为投降的明军，没有收到什么效果。对北方，李自成派明居庸关降将唐通率部前往招降吴三桂。

吴三桂，辽东人，出身官僚豪门。崇祯末年驻兵宁远，所部“精兵四万，辽民七八万，皆耐搏战，而彝丁突骑数千，尤骁悍，北门锁钥，恃无恐”。为明王朝抵御清兵的最后屏障，崇祯十七年（1644）三月初，因李自成逼近京师，明思宗加封吴三桂为平西伯，命其放弃宁远，率部入关保护京城，十六日，吴三桂抵山海关，二十日到达丰润，闻听京师陷落，便回师山海关。早在大顺军进入北京之前，吴三桂的上司蓟辽总督洪承畴、舅父祖大寿等就已经投降清朝。清统治者曾利用他们对吴三桂劝降，吴三桂态度暧昧，犹豫未决。当李自成派唐通前去招降时，吴三桂因父亲吴襄和其他家属留在北京，遂同意投降。唐通接管了山海关防务，吴三桂则率部前往北京，朝见新君。行至玉田县时，吴三桂听说其爱妾陈圆圆被李自成手下大将刘宗敏夺去（一说刘宗敏逮捕了其父吴襄，追赃索饷），勃然大怒，回师直奔山海关，打败唐通，重新控制了山海关，并积极与清朝联络，要求多尔衮派兵入关。清朝统治者立即改变以往入关劫掠的政策，提出为明“复君父仇”的口号，力图拉拢汉族官僚地主，共同绞杀农民军，取代明王朝的统治。

李自成得知吴三桂叛变，山海关被占的消息后，遂于四月十三日与刘宗敏率大军 20 万离京东征。二十一日包围了山海关，二十二日，在战斗最激烈，吴三桂军濒临崩溃之际，多尔衮率清军突然参战，大顺军猝不及防，战败退回北京。

李自成山海关战败之后，吴三桂引清军进逼北京。面对新败之余，军心混乱的局面，李自成感到北京无法坚守，决定主动撤离，准备以关中为基地，重振雄风。四月二十九日，李自成在武英殿举行登基典礼，次日撤出北京。从进京到出京，前后只有42天。五月初二，多尔衮率清兵入京。

当清军逼近北京时，多尔衮为了拉拢汉族官僚地主，宣称清军入关是“为尔复君父仇，非杀尔百姓，今所谋惟闯贼。吏来归复其位，民来归复其业”。进京以后又下令为崇祯帝服丧；各衙门官员照旧录用；剃发归顺，地方官各升一级；朱姓各王归顺不夺其王爵等等，以此来赢得人心，谋求与汉族官僚地主的合作，集中力量镇压大顺农民军。

李自成在山海关战役中失败和被迫放弃北京以后，大顺政权辖区内的河北、河南、山东、山西等地区的官绅地主纷纷发动叛乱。他们杀害或拘捕大顺政权地方官员，袭击当地大顺驻军，搞得李自成在西撤途中相当被动。大顺军虽然在保定、定州、正州进行了英勇战斗，但还是很快丢掉了河北、山东，而被迫设防于山西大同、太原、平阳和河南怀庆一线。六月，李自成率师至太原。七月，渡过黄河，进驻韩城，不久到达西安。

大顺军离京西撤后，清兵在后面紧紧追击。五月十日，投降义军的明大同总兵姜瓖袭杀大顺军镇压制将军张天琳，举大同全镇降清，整个山西北部遂为清方所有。十月，清军攻陷太原，随即分兵南下晋东南，大顺军长治守将刘忠抵敌不住，被迫率部转入河南。至此，山西全省仅剩西南一隅为大顺军控制，李自成山西防线基本瓦解。十月下旬，清军兵分两路攻打陕西，一路英亲王阿济格率领吴三桂、尚可喜等军由大同向榆林进兵，然后从陕北南下西安。一路由豫亲王多铎率领孔有德、耿仲明等部，从河南怀庆攻击潼关。十二月，北路阿济格从山西保德州渡过黄河，进入陕北，围攻榆林。南路多铎也一路血战，逼近潼关。李自成闻讯，匆忙率军增援潼关。经十三天激战，潼关失守。李自成见清兵两路夹攻，陕西陷落已成定局，遂被迫放弃西安，经蓝田、商州走武关，退入襄阳。清顺治二年（1645）三月，大顺军逼走南明将领左良玉，占领武昌，时李自成手下尚有 20 万兵马，攻占武昌以后，李自成认为：“西北虽不安，东南讵再失之?”计划乘舟东下，夺取东南作为抗清基地。但大顺军尚未准备充分，清军分水陆两路突然袭来，李自成仓促弃武昌向东南进发。四月，清军在湖北阳新、江西九江接连大败大顺军，切断其东下去路。李自成见东下已无可能，便掉头向西南进军，准备穿过江西转入湖南。五月初，大顺军到达湖北通山九宫山麓时，李自成率轻骑 20 余人登山探路，突遭当地地主武装袭击，不幸遇难，时年 39 岁。

李自成牺牲后，清军很快就向四川大西政权进攻。顺治三年（1646）正月，清廷命肃亲王豪格为靖远大将军，统兵前往四川征讨张献忠，豪格在陕西击破大顺军余部后，于十一月入川。当时，张献忠因内受明朝残军和四川官僚地主武装袭击，外受清军威胁，处境日艰。八月，张献忠下令焚毁成都，带领大军准备北进陕西。十一月，驻兵西充凤凰山。大西军叛将刘进忠引清兵突袭，张献忠兵败，中箭身亡。

兵戈南下日为昏，匪石寒松聚一门。

痛杀怀中三岁子，也随阿母作忠魂。

——〔清〕黄宗羲《卓烈妇》

史可法抗清

史可法（1602—1645），为南明大臣，抗清名将。字宪之，号道邻，祖籍大兴（今北京大兴），长于祥符（今河南开封）。其人“短小精悍，面黑，目烁烁有光”。青年时代曾拜左光斗为师，深受东林党影响，立志以国事为重。

崇祯元年（1628），史可法考中进士，被授西安府推官。不久迁任户部主事，历任员外郎、郎中。崇祯八年（1635）升右参议，分守南直隶池州、太平二府。同年秋，随卢象升镇压各地农民起义，被擢副都御史，巡抚安庆、池州府县，监江北诸军。崇祯十年（1637）三月，罗汝才、刘国能率义军数万围攻宿松，杀明副将潘可大、程龙，“盘牙江北，南都震惊”。为加强南京西部防御，统一指挥，七月，明廷提拔史可法为右佥都御史，巡抚安庆、庐州、太平、池州四府，以及河南之光州、光山、固始、罗田，湖广之蕲州、广济、黄梅，江西之德化、湖口诸县，提督军务，设额兵万人。史可法治军廉明有信，与士兵同甘苦，“军行，士不饱不先食，未授衣不先御，以故得士死力”。“东西驰御，贼稍稍避其锋。”崇祯十二年（1639）夏，史可法丁忧离职。丧服除后，起任为户部右侍郎兼右佥都御史，代替朱大典总督漕运，巡抚凤阳、淮安、扬州，劾罢督粮道官三人，增设漕储道官一人，并整修河道，漕政一新，后以功拜南京兵部尚书，参赞机务。

崇祯十七年（1644）四月，得知李自成起义军围攻京师，史可法誓师勤王。到达浦口后，听到北京陷落，崇祯帝自杀的消息，他“痛哭，首触柱，血流至踵”。命令部队缟衣发丧。五月，南明弘光政权建立，史可法以礼部尚书兼东阁大学士入内阁为首辅，仍掌兵部事。“乃定京营制，如北都故事，侍卫及锦衣卫诸军，悉入伍操练。锦衣东西两司房，及南北两镇抚司官，不备设，以杜告密，安人心”。但不久即受阉党马士英辈排挤，被迫出镇淮、扬。当时李自成农民军，虽然被清军打败，退出了北京，但仍拥有山西、河南、山东、陕西、湖广等广大地区，准备整兵再战。为了防止大顺军南下，史可法疏奏朝廷设江北四镇。命东平伯刘泽清驻淮安，管辖淮、海等 11 州县，经理山东一路。总兵官高杰驻泗州，管辖徐州、泗州等 14 州县，经理河南开封、归德一路。总兵官刘良佐驻临淮，管辖凤阳、寿州等九州县，经理河南陈州、杞县一路。靖南伯黄得功驻庐州，管辖滁州、和州等 11 州县，经理河南光州、固始一路。史可法自己坐镇扬州。这四镇军队均为在与农民起义军的作战中壮大，因而将悍兵骄。刘泽清和刘良佐支持马士英，干预朝政。高杰为李自成叛将，所部皆山、陕劲卒，战斗力强，但军纪败坏，和扬州官民多次冲突。黄得功部军纪很严，战斗力也很强，但又和高杰积怨很深，为争防地，几致火并。史可法到扬州以后，用了几个月的时间调解、斡旋四镇矛盾，晓以大义，动之以情，勉强使得四镇愿意听命，并赢得了高杰、黄得功的尊敬。

由于史可法把主要精力放在对付大顺农民军上，没有把清军入关当作主要威胁，所以在吴三桂降清，大顺军受挫的消息传来后，他欣喜异常，以为可以借助清军消灭农民军，于是上奏朝廷，提出了“联清讨贼”的主张。因而史可法一方面积极支持弘光朝廷派出使臣北上与清廷“通和讲好”，一方面对清军倾全力西击山、陕大顺军，而河南、山东、河北兵力相当薄弱时，不乘虚进兵，只作壁上观，为清军击败大顺军欢呼鼓噪，从而使清廷各个击破的计划得以顺利实施。

严酷的现实很快打碎了史可法的“联清讨贼”的幻想。崇祯十七年（1644）十月，弘光北上议和使臣受尽羞辱，空手而归。十二月，清兵大举分道南下，东路由济宁向南，进迫邳州、宿迁，西路从孟津东渡，进逼归德（今河南商丘）、徐州。这时，史可法似大梦初醒，将攻守方略由讨贼变为抗清。他一面会兵进援邳州，一面令高杰进兵归、徐。次年正月，高杰至睢州，为总兵许定国诱杀，叛降清军。史可法闻变，流涕顿足叹曰：“中原不可为矣。”遂亲到徐州，令高杰的外甥总兵李本身为提督，抚御高杰旧部，回师整顿。“杰军既还，于是大梁（开封）以南皆不守。”三月，清豫王多铎攻破潼关，回师东征，攻陷归德。然后从归德分兵两路，向南推进，进逼淮南。四月初一，史可法移军驻泗州，护祖陵。“将行，左良玉称兵犯阙，召可法入援。渡江抵燕子矶，得功已破良玉军。”史可法闻讯，立即回师江北，急趋天长，檄诸将救盱眙。不久得报知盱眙已降清，泗州援将侯方岩全军覆没，史可法乃率亲兵数骑，一日一夜冒雨赶回扬州。四月十五日，清军抵达扬州城下，派人招降史可法，遭到拒绝。当时围攻扬州的清兵为多铎统率，人数约 10 万。扬州守兵只有 1 万人。十六日，总兵李栖凤、监军副使高岐凤拔营出降，扬州城中更加势单力孤，史可法让文武官员均登城驻守，因旧城西门险要，他亲自驻守。二十四日，清军大举攻城，次日，扬州城西北角崩塌，清兵攻入，城破。史可法自杀未遂，被一参将拥出小东门。遇清军，他大呼：“我史督军也。”遂被俘。多铎劝他投降，被他严词拒绝：“城存与存，城亡与亡，我头可断，而志不可屈。”因而被害于扬州南城楼上，时年 42 岁。

史可法被杀后，其部将刘肇基、庄子固、马应魁等率领残部和全城居民继续鏖战，直至最后一兵一矢。清军占领扬州后，痛恨扬州军民的英勇抵抗，下令屠城十日，纵兵抢劫。这次血腥屠杀，惨绝人寰，80 万军民遇难。这就是历史上所称的“扬州十日”的悲惨事件。事后，人们寻找史可法的遗骸，但因天热，“众尸蒸变，不可辨识”。第二年，家人举着他的袍笏招魂，葬于扬州城外的梅花岭上。

君王城上竖降旗，妾在深宫那得知。
十四万人齐解甲，宁无一个是男儿。

——〔五代〕花蕊夫人《述亡国诗》

南京陷落

崇祯十七年（1644）四月，大顺农民军攻克北京，明思宗上吊身亡的消息传到南京，居守陪都的六部官员一片忙乱。为继承明统，重建中央政权，他们决定拥立新君。因明思宗的三个儿子都没逃出北京，他们只好从散处各地的藩王中挑选。当时藩王中尚存的神宗直系子孙，有福王、惠王、瑞王、桂王四人，但惠、瑞、桂三王远在西南，不便拥立。处在南京附近的只有从北方逃难来到的福王朱由崧和神宗侄儿潞王朱常淓。东林党人翰林院詹事姜曰广、兵部尚书史可法、兵部侍郎吕大器、右都御史张慎言、前礼部侍郎钱谦益等认为福王虽系神宗亲孙，“伦序当立，而有七不可：贪、淫、酗酒、不孝、虐下、不读书、干预有司也”。而且他们担心福王上台之后会重提“国本”“梃击”旧案，引用奸邪，于己不利，因而主张拥立“昭穆不远，贤明可立”的潞王。而凤阳总督马士英以“福王昏庸可利”，力主按伦序继统。他联络总兵高杰、刘泽清、黄得功、刘良佐等实力派，派兵把朱由崧接到南京，声称“以序以贤，无如福王，已传谕将士为三军主，请奉为帝”。史可法等无可奈何，被迫放弃原议屈从。五月初三日，福王就任监国，五月十五日，正式即位称帝，以明年为弘光元年。此即第一个南明政权——弘光政权。

弘光政权建立后，南京兵部尚书史可法、户部尚书高弘图、凤阳总督马士英以及旧臣姜曰广、王铎等五人入阁为大学士，参赞机务，其中史可法为首辅，掌握了朝中大权。这引起了野心勃勃的马士英的不满。当时，马士英认为内阁首辅非自己莫属。因而正式任命一下，大怒，列举史可法不可任内阁首辅的七大原因上奏弘光皇帝。且拥兵入觐，拜表即行。史可法为顾全大局，自请督师，出镇淮、扬。马士英遂得留朝辅政，乘机揽权。他不顾众臣反对，力荐阉党阮大铖出任兵部侍郎，举朝因之大哗。许多官员纷纷告退，姜曰广、高弘图先后被迫辞职，马士英则乘机安插私人，填补空缺。阉党当权后，大肆打击归顺过农民军和反对过马、阮的东林党人。他们恢复东厂缉事特务机构，颁布“北都从贼者诸臣的罪状”，根据情状高下不同，分成六等治罪。他们唆使弘光帝搜求《三朝要典》，下令“追恤逆案诸臣”。阮大铖又编了一本黑名单，指东林党为蝗，复社为蝻，称为“蝗蝻录”，想把东林党和复社人士一网打尽。他们还任意加派军饷，增加盐、酒税，甚至公开卖官鬻爵，选用文武官员都有定价，政治腐败已极。当时南京流传着这样一首《西江月》："有福自然轮着，无钱不用安排。满街都督没人抬，偏地职方无赖。本事何如世事，多才不若多财。门前悬挂虎头牌，大小官儿出卖。"又有民谣讽刺说："中书随地有，都督满街走。监纪多如羊，职方贱如狗。荫起千年尘，拔贡一呈首，扫尽江南钱，填塞马家口。"对马士英、阮大铖的所作所为，每天碌碌忙于"饮醇酒，选淑女"，闹得市井骚然。同时，为了保住自己的权位，弘光帝屡兴冤狱。其一为大悲案。大悲姓朱，安徽休宁人，出家为僧，在苏州结识潞王朱常涝，互认本家。弘光元年（清顺治二年，1645）冬，由苏州来到南京，被控为潞王刺探消息，遭杀。其二为童妃案。朱由崧由洛阳东逃，路过开封时，结纳了周王府侍女童氏。朱由崧即位后，童氏前来投奔，他不但拒不承认，且将其下狱论死。其三为伪太子案。明思宗太子慈烺在大顺军攻破北京后，久无消息，忽于弘光元年三月来到南京。朱由崧怕失去帝位，诬其冒充，逮捕入狱。这就是所谓"南渡三疑案"。三疑案后，朝议纷纷，有的大臣甚至怀疑起朱由崧的真实身份，搞得人心浮动，权威尽失。

弘光政权建立伊始，就抱定今日宗社大计，莫过于"讨贼复仇"的宗旨。当时它拥有全国最富庶的地区和相当庞大的军队。以兵员计，镇守武昌的左良玉、左梦庚父子所部有 20 余万，镇守江北的高杰、刘泽清、黄得功、刘良佐四镇士兵达三四十万。加上两广、云贵、江浙等处驻军，兵马约近百万。但这近百万军队的首要作战目标是各地农民军，而非入关清兵。

清朝统治者针对弘光政权急于复仇和庸懦无能、苟且偷安的本质，遂在入关之初集中主要兵力打击大顺军，并打出“为尔等复君父仇”的旗号，以迎合弘光政权灭贼的心理。同时放出“通和讲好”的空气来诱惑、欺骗弘光王朝。而弘光满朝文武也就都犯了政治幼稚病，短视地制定了“借虏讨贼”的方针。崇祯十七年（1644）五月，吴三桂勾结清军入关击败大顺军的消息传到南京，弘光政权举朝欢呼，晋封已投降清朝的吴三桂为蓟国公，并准备从海上运米10万石，以奖励他借来清军击败农民军的功绩。七月，弘光帝派遣兵部右侍郎兼右佥都御史左懋第、太仆寺卿马绍愉、总兵陈洪范为使者，携带白银10万两、黄金1000两和加封吴三桂为蓟国公、犒赏银1万两的诏命，于十八日启程前往北京，企图以割山海关外地、南北互市、许岁币10万为条件换取清廷助己灭贼和恢复统治全国。清廷本意在击败大顺军后即发兵南征，实行各个击破的战略，根本就没有和谈诚意。因此，左懋第等于十月到达北京后，受尽冷落和凌辱，除所带金银被如数照收，谈判一无所获。十月下旬，使团被强制南返，行至沧州又被追回，左懋第、马绍愉被拘押，陈洪范叛降。弘光政权和谈计划破产。

弘光元年正月，清豫亲王多铎率部占领潼关、西安，大顺军被迫南撤后，即东出虎牢关，经略河南。三月从归德分两路向南进攻，一路指向亳州，一路指向除州。总兵李成栋降清，引导清军向江南进攻。在这危急存亡关头，弘光政权内部又爆发了左良玉之乱。

左良玉（1599 — 1645），字昆山，山东临清人。初为辽东军右营都司，后隶昌平督治侍郎、东林党人侯恂部下，与后金兵战于松山、杏山有功，升为副将。农民起义军入山西、河南，他受命率部镇压，擢升为总兵官。崇祯十二年（1639），升平贼将军。崇祯十七年（1644），封宁南伯。弘光政权建立后，晋封宁南侯。当时他拥兵 20 万驻屯武昌，为南京西部屏障。因其最初得到重用，为东林党人侯恂提拔，而弘光朝遭压制的东林、复兴人士又多逃避其军中，所以马士英、阮大铖对其早有疑忌，多有裁抑，并筑板矶城暗地设防，使左良玉极为不满。伪太子案消息传到武昌，黄澍等东林党人就激劝左良玉出兵东下，适逢李自成起义军在陕西战败，南下湖广，对其形成威胁，左良玉遂以“清君侧”为名，率全军东下。行至九江，左良玉呕血死，其子左梦庚继续领兵东下。与此同时，多铎所统清军由泗州渡过淮河，直扑扬州。面对两路交急局势，史可法主张重点对付清兵，但马士英声称：“宁可君臣皆死于大清，不可死于良玉之手。”抽调江北黄得功等部西御左军。四月十五日，清军包围扬州，二十五日扬州城破，史可法殉难。

扬州失守后，清军很快占领镇江。五月初，进抵瓜州，同明军隔江相对。初九日，清军横渡长江。弘光江防守将操江提督刘孔昭、佥事杨文聪等闻风而逃。十日夜，朱由崧逃往芜湖黄得功军中。十五日，忻城伯赵之龙、大学士王铎、礼部尚书钱谦益率南京未逃文武官员奉表纳款，向多铎投降，南京陷落。几天后，黄得功被部下谋杀，朱由崧被俘至南京（此前，左梦庚所部和江北四镇已先后降清），弘光政权灭亡。

至世祖章皇帝入京师时，兵亦不过十万，夫以十万之众，而服十五省之天下，岂人力所能强哉？……其时统领士卒者，即明之将弁；披坚执锐者，即明之甲兵也。

——〔清〕《大义觉迷录·雍正“上谕”》

荡平余波

清军入关后，在仅仅一年多的时间里，就先后打败了大顺军，消灭了弘光政权，席卷了半个中国。面对这迅速而巨大的胜利，清朝统治者认为已经胜券在握，因而便放弃了“为明复君父仇”的旗号，开始推行大规模圈地，强制雉发、严惩逃人等一系列民族高压政策，使本已十分严重的满汉矛盾迅速激化。北直隶、河南、山东、山西以及江南的江阴、嘉定和太湖地区先后爆发了激烈的大规模抗清斗争，民兵、义师蜂起。与此同时，随着弘光朝廷的覆亡和“借虏讨寇”政策的破产，南方汉族官僚地主们也丢掉了对明廷的幻想，开始就地组织武装，建立新的政权与清廷对抗。而大顺军、大西军余部在新的形势下，也捐弃前嫌，主动与南明政权联合，展开了艰苦卓绝的抗清斗争。

南京沦陷后，清军很快进入浙江，占领了杭州、嘉兴、湖州等地。顺治二年（1645）闰六月，在浙中义师和南明官吏、缙绅张煌言、钱肃乐等的扶持下，明太祖第十世孙鲁王朱以海于绍兴监国，建立政权。鲁王政权当时控制着浙东绍兴、宁波、温州、台州等地，拥有浙中义师和明总兵方国安、王之仁的部队，实力还相当雄厚。鲁王监国之初，钱肃乐、张煌言领导义师与方、王所部官兵紧密配合，曾一度打过钱塘江，收复了一些州县。但由于方国安、王之仁把持有限的兵饷财源，拒不分给义师，使抗清力量分裂。又由于鲁王与福建隆武政权争名号、君臣之分，势同水火，分兵抗闽。因而给了清军充分的时间准备。顺治三年（1646）六月，清军乘天旱水浅，抢渡钱塘江，直攻绍兴，方国安望风而降，温州、台州、金华很快陷落，鲁王在张名振保护下浮海逃命。

鲁王监国的同时，福建军阀郑芝龙、郑鸿逵和南明官吏黄道周拥立明太祖第九世孙唐王聿键在福州称帝，建元隆武。隆武建国的消息传开后，得到各地义师和南明官兵的热烈响应，大多接受了它的领导，其辖区除福建、广东、广西、云南、贵州、湖南而外，还兼有安徽、江西、湖北的一部分，实力比同时并存的浙东鲁王政权强大得多。

隆武帝朱聿键是南明诸帝中比较有为的一位，他早年饱经忧患，知道民间疾苦。建立隆武政权后，他积极策划设防，以天兴、建宁、延平、兴化为上游，汀州、漳州、邵武、泉州为下游，各设巡抚。在闽北自仙霞岭以外，设垒 170 处驻兵防守。同时编练军队，积极准备北伐。但隆武朝廷的军政大权完全掌握在郑芝龙手里，而他本无意抗清。郑芝龙字飞黄，小字一官，福建南安人。早年为海盗，往来日本和闽海之间，后为熊文灿招抚，官至都督同知。弘光时封南安伯，是福建最大的军阀。他之所以拥立唐王朱聿键，只不过是欲借其旗号进一步扩张政治、经济权力。因此，他虽拥兵数十万，却不仅对当时在大江南北与清军作战的义军坐视不顾，而且对首辅黄道周的北伐丝毫不加以支持，既不给军队，又拒发粮饷，终致黄道周全军覆没，被俘遇害。当浙东鲁王政权崩溃，清军南下进逼福建时，郑芝龙认为隆武帝已失去作用，为保全他在福建的利禄财产，便与洪承畴暗中勾结，准备降清。顺治三年（1646）六月，清军攻灭鲁王政权后，挥师南进。郑芝龙践行其“遇官兵撤官兵，遇水师撤水师”的投降诺言，尽撤浙闽交界天险仙霞岭之全部守军，使清兵得以不战而长驱直入福州。八月，隆武帝在汀州被俘，不久遇害。郑芝龙利欲熏心，不听其子郑成功等人的苦苦相劝，丢弃部下，剃发献印降清。隆武政权就此倾覆，历时一年零三个月。

隆武帝汀州遇难后，其胞弟朱聿𨮁由汀州航海，逃到广州。顺治三年十一月初二日，被隆武帝大学士苏观生等在广州拥立监国。初五正式即皇帝位，改元绍武。在朱聿𨮁称监国之前，广西巡抚瞿式耜、两广总督丁魁楚、湖广总督何腾蛟等已拥立桂王朱由榔监国于肇庆。绍武政权建立的消息传开后，朱由榔为示抵制，亦于十一月十八日即帝位，建元永历。之后，这两个政权为争所谓“正统”，互相兵戎相见，先后战于三水、海口，正当其厮杀方酣之际，李成栋率清军由福建进入广东，十二月十七日攻陷广州，苏观生自杀，朱聿鐭被俘，存在不到 40 天的绍武政权灭亡。

绍武政权覆亡后，永历政权成为南明抗清的最后一个堡垒。但永历帝朱由榔为人懦弱寡断，昏庸腐朽。他信任宦官权臣，导致大权旁落，朝政混乱。又贪生怕死，闻警即逃。清军进入广州，他不布置抵抗，慌忙离肇庆逃往梧州。梧州告急，又仓皇逃至桂林。后又走全州，驻武冈，逃柳州，回桂林。整天忙于逃命，政治上无所作为。只是由于先后得到了大顺军和大西军余部的支持，这个政权才得以坚持了 16 年之久。

李自成牺牲后，大顺军余部尚有 40 余万，分为两支，一支是李自成亲自带入湖广的，由郝摇旗、刘体纯、袁宗第等率领，有众 10 万。他们在通山、蒲圻境内逗留三个月后，于顺治二年（1645）九月南下至湖阴、长沙、新墙。另一支由李过、高一功率领，有众 30 万。李自成离开西安时，他们尚坚守在陕北。后在清军逼迫下，一路转战南下，于顺治二年九月到达松滋。当时的大顺军由于新遭失败，失去领袖，部队涣散。加之北有清兵尾追，南有明军挡路，处境极为不利。顺治二年秋，在清军进一步南侵的形势下，他们鉴于局势的危急，毅然决定改变战略，主动与隆武政权联合，共同抗清。而隆武政权鉴于清军压境，无力独抗，亦有意与大顺军合作抗清。于是，郝摇旗、刘体纯等接受总督何腾蛟节制，驻防长沙至湘阴一线。李过、高一功等接受巡抚堵胤锡管辖，驻防常德、醴陵一线。大顺军与南明联合抗清以后，湖广境内的抗清力量大增。顺治二年十一月，清平南大将军勒克德浑率兵大举进攻湖广，南明与大顺联军英勇抗击，在岳州、藤溪、湘阴连续大败清军，有力地阻止了清军南下。

顺治三年（1646）八月隆武政权倾覆后，清军分两路进攻永历政权。在东线，李成栋率清军攻占广州后即挥师西进，于次年正月连下肇庆、梧州、乐平，进逼桂林。在北线，清廷增派恭顺王孔有德、智顺王尚可喜、怀顺王耿仲明率部进攻湖广。顺治四年（1647）二月初，孔有德等至岳州，中旬下湖阴，二十九日陷长沙。何腾蛟因各镇官军畏缩不前，被迫率郝摇旗等部退守衡州，后又退往永州、桂林。李过、高一功等部则退入川东。九月，清军占领永州。至此，永历政权在湖广的辖区丧失殆尽。面对清军的猖狂进攻，南明联军展开了顽强抗击。东边，广西巡抚瞿式耜率领军民坚守桂城，两败李成栋，使清军屯兵数月，无法前进。加之广东抗清义军蜂起，李成栋被迫回师镇压，东路危解。北边，何腾蛟、郝摇旗联合各路援军，于十一月在全州大败清军，清军败退回湘南。

顺治五年（1648）正月，据守江西的降清明将金声桓、王得仁，闰三月据守广东的降清明将李成栋与养子李元胤，因怨恨清廷处事不公，授官太小，先后举兵反正，湖广震动。永历政权乘机大举反攻。李过、高一功率部东下，攻克宜城、松滋、澧州、益阳、湘潭、湖乡、衡山等地。何腾蛟、瞿式耜兵出广西，连下靖州、杭州、武冈、宝庆、常德、永州、衡州等地，合围长沙，前锋直达汉水北岸，湖广大部失地被收复，抗清局势大为好转。

然而这种有利的局势并没能持续很久，战局很快又急剧恶化。原因有二：其一是永历朝廷内部党争激烈。随李成栋反正的官僚自称“反正有功”，他们与朝中大臣金堡、刘湘客、丁时魁、蒙正发、袁彭年以及桂林留守瞿式耜联合结为“楚党”。跟随永历帝东逃西躲的诸臣自称“护驾元勋”，他们内援左都掌锦衣卫事马吉翔，外倚镇守广西浔、梧的军阀陈邦傅，结为“吴党”。两党互相攻击，各图私利，根本无暇顾及将胜利局面继续扩大。其二是拥兵驻守各地的将领互不协作，经常为争兵争地争饷互动干戈，尤其对战斗力较强的大顺军，官军肆意排挤刁难，乃至分化改编。这样就使抗清力量大大削弱。在永历政权专注内争、无意外顾之际，清廷乘机调兵遣将，实施反击。顺治六年（1649）正月，清兵攻破南昌，金声桓、王得仁败死。同时，何腾蛟也在湘潭兵败被俘，不屈遇害。二月，李成栋兵溃信丰，南逃渡水时溺死。顺治七年（1650）十一月，尚可喜攻克广州，广东陷落。同月，孔有德击破桂林，瞿式耜被俘殉难。与此同时，大顺军杰出将领李过病死，高一功阵亡。各部因连续战败，兵力大损，被迫西撤，先后辗转进入荆、襄、巴东。顺治八年（1651）二月，清军攻克梧州、柳州。九月，陈邦傅举浔南之地降，永历帝由浔州狼狈逃往南宁。至此，永历政权土地、军队丧失殆尽，再也无力支撑。正在这时，大西农民军余部又出现在抗清前线，并扶持起永历政权，掀起了新一轮的抗清斗争。

张献忠牺牲后，余部由孙可望、李定国、刘文秀、艾能奇四将军率领从川北南下，在川南、贵州、云南地区坚持斗争。他们借大顺军与永历政权浴血奋战，清军无力西顾之机，积极进行政权建设，大力整顿、训练军队，努力恢复和发展生产，经数年经营，建立起一个强大稳固的抗清基地。大西军在顺治六年正月即已向永历朝廷提出了“联合恢剿”“合师北拒”的建议，但永历朝廷由于内部严重分歧，迟迟没有回应。直至顺治八年（1651）五月，永历帝在走投无路之下，才接受这个建议，并封孙可望为秦王。顺治九年（1652）三月，孙可望迎永历帝入黔居于安隆所。

顺治九年三月，为抵御清军进攻，大西军兵分两路北伐抗清。西路有步骑 6 万，由刘文秀率领，进攻四川；东路有步骑 8 万，由李定国率领，兵出湖广，抄袭广西。刘文秀开始进展很顺利，一路势如破竹，连下叙州、泸州、重庆、成都，收复了四川大部分失地，但保宁一战，因轻敌麻痹，被吴三桂打得大败，几乎全军覆没。后收集残部，退回贵州。李定国一路则所向披靡，战果辉煌。四月攻克黎平。五月连陷沅州、靖州、宝庆。六月出祁阳，下全州、严关。七月攻克桂林，督师桂林的清定南王孔有德自焚身亡。随后李定国分兵略地，很快夺取了平乐、梧州、柳州、南宁等地。九月，李定国挥师北上，连下永州、衡州、阳山、连州，直取长沙，又东进江西，先后攻占永新、定福、永宁、龙泉，兵锋直逼吉安，军声大振。大西军的节节胜利，使清廷大为震惊，急派敬谨亲王尼堪率兵 10 万，直扑长沙。李定国避敌锋芒，主动撤出长沙，在衡州设伏，大破清军，斩杀尼堪。至此，李定国“两蹶名王，天下震动”。

然而，令人痛惜的是，大西军的辉煌胜利也很快为其内部争斗所葬送。孙可望为人野心勃勃，权势欲很重。永历帝到达贵州安隆以后，即被他控制，生杀予夺，任意恣肆。并在一些投机官吏的唆使下，拟改国号曰后明，日夜图谋永历禅位。而李定国在前线的巨大胜利，使他感到很大压力。他害怕李定国功劳太大，声望高出己上，不易统辖。遂擅自更改原定作战部署，率领留守军队上前线争功。衡州战役后，孙可望约李定国至武冈议事，阴谋加害。李定国暗知内情后，为顾全抗清大局，引兵退回广西，转攻广东。李定国部队一撤，清军即乘机反攻。孙可望在宝庆遇清兵大败，退回贵州。湖南所复州县，又重被清军占领。

孙可望宝庆战败，丢掉湖南以后，野心丝毫未减。他一面派关有才部驻广西田州，扼李定国回退路，一面任意杀戮大臣，准备废永历帝自立。永历帝给李定国送去血诏，要其迅速前来救驾。时李定国转战两广已经三年有余，因失去后援，兵力日益减少，被迫退保南宁。接到血诏后，他即率余部 6000 人向贵州进发。驻守田州的关有才部一触即溃，大部投降。顺治十三年（1656）正月，李定国到达贵州安龙。驻守安龙的白文选因对孙可望的所作所为不满，便与李定国合作，将永历帝从安龙迁往昆明。这时，孙可望率部尚在黔东，留守昆明的部队都归附了李定国。消息传来，孙可望恼羞成怒，于顺治十四年（1657）八月以 10 万大军大举进攻李定国。孙可望的倒行逆施，引起其部下极大义愤，临阵纷纷倒戈。孙可望走投无路，狼狈逃往长沙，投降了清军。

孙可望降清以后，泄露了大西军的全部军事机密。顺治十五年（1658）春，清军分三路占领贵州。十月，又三路出兵，进攻云南。顺治十六年（1659）正月初三日，吴三桂率清军攻陷昆明，永乐帝西逃大理、永昌、腾越。李定国在磨盘山（今云南省曲靖市马龙区西北）设伏，准备歼灭尾追清军，但由于南明降官告密，大西军损失惨重。李定国撤往孟艮，永历帝逃入缅甸，顺治十八年（1661）三月，吴三桂派兵入缅，十二月初，俘获永历帝。次年三月返回昆明。四月以弓弦将永历帝绞杀于市。李定国闻讯，悲愤交加，于同年六月病逝于勐腊。

永历政权失败后，大顺军仍在坚持抗清。郝摇旗、刘体纯、袁宗第、李来亨（李过之子）等进入荆襄和川东地区以后，联合当地南明武装，组成夔东十三家军。经数年艰苦战斗，他们在大巴山、巫山、武当山、荆山四大山系之间，开拓出一块根据地。队伍很快由几万人扩大到几十万人。他们经常主动出击，不断打击清军。顺治十五年（1658），清廷分兵三路进攻云贵期间，为牵制清军力量，十三家军曾两次由水路围攻重庆。大西军失败和永历政权覆灭后，清军于康熙元年（1662）十二月分兵三路围攻十三家军。次年八月，双方于巫山会战，经十二昼夜激战，十三家军大败。不久，刘体纯、郝摇旗、袁宗第等主要将领先后牺牲。李来亨率部退守兴山县茅麓山，与清军继续顽强鏖战。康熙三年

(1664）八月，清军在叛徒引导下攻进山寨。李来亨因粮尽援绝，自焚身亡。

把抗清斗争坚持到最后的是郑成功的海上武装。郑成功是郑芝龙之子。郑芝龙降清时，他哭谏不听，遂起兵抗清，自称招讨大元帅。他以厦门为基地，联合张煌言、张名振等多次北伐和南征，有力地支持了永历政权，被封为延平郡王。顺治十八年(1661）四月，郑成功亲率大军强渡台湾海峡，打败荷兰侵略者，收复了台湾。康熙二十二年（1683），清军收复台湾，郑成功之孙郑克塽出降。至此，南明政权的最后一个残余势力灭亡。